本书获云南大学双一流建设项目"地缘政治理论创新高地项目"资助

地 缘 政 治 理 论 研 究 丛 书

美国对
湄公河地区策略的
调整与GMS合作

罗圣荣 / 著

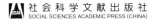

社会科学文献出版社

SOCIAL SCIENCES ACADEMIC PRESS (CHINA)

目　录

我宜对美国利用"湄公河下游倡议"干扰中国在湄公河地区投资新动向保持警惕

2018年8月3日，美国国务卿蓬佩奥主持了与缅甸、柬埔寨、泰国、老挝、越南等湄公河地区五国举行的第11次"湄公河下游倡议"（LMI）部长级会议。在随后公开发表的《第11次"湄公河下游倡议"部长级会议联合声明》中，美方明确表示将落实2017年制订的"湄公河水资源数据行动计划"（Mekong Water Data Initiative），事实上这是对美方主导的"湄公河环境伙伴项目"（Mekong Partnership for the Environment Project）加大技术支持。作为"湄公河下游倡议"的支柱项目，"湄公河环境伙伴项目"通过支持非政府组织（NGO）收集、整理和分析湄公河地区大型基础设施建设项目的环境和社会影响，对政府和企业施压。由于湄公河地区大型基础设施建设项目多为中方投资，故而"湄公河环境伙伴项目"对中方在湄公河地区大型基础设施投资项目的实施极为不利。自"湄公河环境伙伴项目"实施以来，中方主导的至少 4 个大型项目（如缅甸的密松水电站项目、柬埔寨的柴阿润水电站项目与塞桑河下游 2 号水电站项目、老挝的栋沙宏水电站项目等）已经受到冲击。此次美方主持"湄公河下游倡议"部长级会议，或将加大"湄公河环境伙伴项目"实施力度，我国应提高警惕，积极应对。

一 "湄公河环境伙伴项目"实施的目标与路径

（一）"湄公河环境伙伴项目"的目标

2009 年美国开始实施"湄公河下游倡议"，提出重新界定"下湄公河地区"概念，并首次将缅甸纳入下湄公河地区范畴，其目的在于联合下游国家，遏制上游的中国。美国于 2014 年开始的"湄公河环境伙伴项目"即围绕这个目的来实施。"湄公河环境伙伴项目"强调不断增加的外来投资，尤其是大型基础设施投资，给湄公河地区国家带来"社会、环境和经济的负面影响"。"湄公河环境伙伴项目"通过"改进利益相关方参与""促进最佳实践""强化伙伴关系"三条路径，实现 NGO 在发展决策过程中的分权，为 NGO 参与政府对话和决策提高谈判筹码。

（二）"湄公河环境伙伴项目"实施的路径

"湄公河环境伙伴项目"由一家位于美国华盛顿的 NGO（PACT）负责项目管理，参加管理的还有瑞典环境研究所（曼谷办公室）、英特新闻、世界动物保护协会等国际 NGO。这种管理模式的结果是国际 NGO 主导了项目活动的内容和进程。其利用瑞典环境研究所获得"科学"的合理性，透过英特新闻扩大宣传范围和受众，同时借世界动物保护协会团结民间环保力量为其发声。这套安排同时也造成了国际 NGO 和本地 NGO 不平等的权利地位，使本地 NGO 在话语权和财务方面处于弱势地位，且往往受制于前者，进而使国际 NGO 成为影响当地政府决策的重要力量。

二 "湄公河环境伙伴项目"对中国在湄公河地区投资影响巨大

（一）提高了中方企业在湄公河地区的投资成本

美国针对中方在湄公河地区的大型基础设施建设项目，利用 NGO 收集、整理和分析上述项目的环境和社会影响，与政府、企业开展对话，形成一股独立力量，对政府和企业不断施压。当地政府面对社会舆论和公众压力，不得不提高投资门槛、提高外资准入条件、提高外资履行社会责任的要求。其结果将抬高中方企业在湄公河地区投资成本，影响中方企业在湄公河地区的投资积极性。

（二）增加了中方企业在湄公河地区的投资风险

尽管中方的一些大型投资项目，如缅甸的密松水电站项目和柬埔寨的柴阿润水电站项目，在启动之前都签署了相关文件，进行了必要的环评等措施，但目前仍被搁置。这表明 NGO 在湄公河地区国家中，已经形成一股强大的社会力量。而阻挠密松水电站和柴阿润水电站项目的成功，以及美国再度拨款，都增强了 NGO 在湄公河地区叫停中国大型项目的信心和决心。由于中方在湄公河地区的项目大多与资源开发有关，易与环境问题"挂钩"，在 NGO 的压力之下，当地政府往往以民意为由违约，增加了中方企业在湄公河地区的投资风险。

（三）限制了中方企业在湄公河地区的产能合作

《国务院关于推进国际产能和装备制造合作的指导意见》提出的总体任务为：将与中国装备和产能契合度高、合作愿望强烈、合作条件和基础好的发展中国家作为重点国别。湄公河地区国家都属发展中国家，发展空间巨大，为中方与湄公河地区的国际产能合作提供了发展空间。但在以环保为名的"湄公河环境伙伴项目"阻挠下，中方企业在湄公河地区的一些基础设施建设项目更易遭到当地环保 NGO 的抵制，限制了中方的产能合作。

（四）为中国在湄公河地区开展深度合作设置障碍

政府间签署协议是中国与其他国家开展经贸合作的常用方式，尤其适用于规模大、投入多的合作项目。中国与湄公河地区各国的重大合作项目多为政府主导。但在某些环保 NGO 的推动下，一些本属于商业性质的项目常常被政治化，并作为政党竞选的筹码，成为无辜牺牲品。此举使中国与湄公河各国的关系变得更为复杂，为中国与湄公河各国开展深度合作设置了障碍。

三　应对"湄公河环境伙伴项目"干扰中国
在湄公河地区投资的建议

（一）强化与湄公河各国合作机制，提升合作层次

在澜湄合作机制下夯实外长会议机制，并适时建立与湄公河下游国家定期首脑峰会。在条件成熟时，通过设立常设机构，为流域内各国政府开展定期磋商提供平台。在澜湄合作机制下加大广西、云南两省区地方政府参与"澜湄合作"的力度，借此全面提升与湄公河地区各国的合作水平。

（二）加强区域环境保护能力建设，树立我良好国家形象

通过定期与湄公河地区各国环境官员进行交流、举办培训活动，向有关国家推介国内部分环境标准和管理方式，为协调湄公河地区的环境管理和适时开展共同行动服务。加大财政资金支持力度，提高我各级机构对次区域环境合作的认识，不断提高中方参与次区域环境合作的能力，真正建立相应的配套和协调机制，树立我良好国家形象。

（三）发挥中国企业环保履职主动性，推动新能源与环保产业对外投资

针对前往湄公河地区投资的企业，举办相关环保培训活动，

提高企业对投资地环保责任重要性的认识。鉴于企业环保投入会增加投资成本，对于采纳和实施行业标准的企业，建议在税、费等方面提供一些优惠政策，以提高企业参与环境合作、保护环境的积极性和实际履责能力。立足我在新能源和环保产业的经验和优势，鼓励、引导有条件的新能源、可再生能源与环保等行业企业"走出去"，降低企业投资风险。

（四）加快培育中方 NGO，鼓励其与区域内 NGO 开展对话与合作

加大对我国 NGO 的培育和支持力度，鼓励其"走出去"为我服务，逐步建立广泛的以 NGO 为主体的海外活动网络。加强与湄公河地区 NGO 开展对话与合作，大力培养境外 NGO 合作伙伴，充分发挥 NGO 在区域合作中的优势。

（五）重视公共外交作用，树立积极沟通观念

加强与投资国 NGO、媒体和公众沟通，加大对其正面宣传和舆论引导力度。在履行区域内国际环保义务时，要借助媒体、网络以及各种国际环保交流会等平台，客观、全面地突出自身在环保方面所起的推动作用。积极协调、增进其他国家同中国在环保方面进一步合作的意愿，以消除其他国家对中国政府、企业的误解。尤其是中企要就自身在湄公河地区环境合作中所做的贡献，与当地政府和民众进行沟通，起到增信释疑作用。

美国对湄公河地区策略的调整
及其对 GMS 合作的影响与对策

美国在奥巴马政府执政期间，为配合其"亚太再平衡"战略，从政治、经济和安全三个维度，对与中国国家利益高度攸关的周边地区——湄公河地区的策略进行主动调整。中美两国在湄公河地区的利益重叠问题凸显，并在该地区开始展开全面角逐。美国奥巴马政府调整对湄公河地区策略，对中国参与 GMS 合作影响巨大。尽管特朗普总统执政后，强调"美国优先"，悉数否定奥巴马总统之外交遗产，但在中美战略性竞争呈白热化之际，美国政府高调推出"印太"战略，而明显带有制衡中国的美国湄公河地区策略并未发生实质性改变。因此，全面分析奥巴马政府以来美国对湄公河地区策略的调整及其对 GMS 合作的影响，把握美国与湄公河地区国家关系的新变化，制定应对之策，对维护中国周边环境安全与稳定，夯实周边外交基础，进而推动"一带一路"建设，具有极为重要的现实意义。

一 美国政府调整前后对湄公河地区策略

（一）美国政府调整前对湄公河地区策略

政治上以"施压"策略为主。奥巴马政府之前，美国历届政府依靠其强大的综合实力，倾向于"单边主义"政策，向湄公河地区国家施压，以服务其全球战略部署。经济上制裁与合作并行。美国在对越南、缅甸等国实施制裁的同时，积极推进与湄公河地区国家的经济合作。安全上侧重传统安全领域。奥巴马政府之前，历届政府对湄公河地区安全策略都侧重于传统安全领域，以维持其战略利益与影响力。

（二）美国政府调整后对湄公河地区策略

政治层面"接触"与"施压"策略并行。美国政府通过"全面接触"策略，以加强与湄公河地区国家的关系。同时，通过向部分湄公河地区国家政府"施压"，以达到其预期目标。经济层面增强地区经济合作主导权。2008 年，美国爆发金融危机，奥巴马政府随即将目光投向地区经济合作，试图以此带动美国经济发展。安全层面积极扩展新军事合作伙伴。奥巴马政府在巩固既有盟友关系的基础上，积极扩展新军事合作伙伴。

二 美国政府调整对湄公河地区策略的动机

（一）政治动机

一是重返湄公河地区，实现美国战略目标。奥巴马政府上台，湄公河地区成为美国"重返亚太""亚太再平衡"战略的重要地区，对于实现美国全球战略至关重要。二是改善同湄公河地区国家的关系，影响其政治模式选择。通过调整湄公河地区策略，推动这一地区的民主和人权，继而长远影响其政治模式选择。三是制衡中国，进而遏制中国日益扩大的影响力。美国通过逐步介入湄公河地区，旨在遏制中国在该地区不断扩大的影响力。

（二）经济动机

一是改善金融危机之后美国的经济状况，开拓亚洲市场。美国对湄公河地区策略进行调整，大力开拓湄公河地区的市场，加大与各国在经贸方面的合作力度，试图通过对外贸易以减轻金融危机对其影响。二是加强相关国家对美国的经济依赖，扩大其经济影响力。通过对湄公河地区的国家进行直接的经济投资，使其开放国内市场，减少贸易壁垒，提升各国对美国的依赖度。三是削弱中国在湄公河地区的影响力，主导该地区的经济合作。美国希望借助推动亚太地区经济整合的高质量多边贸易与投资协议，削弱中国在湄公河地区不断增强的经济影响力，进而主导该地区未来经济合作的方向与标准，提升其制度话语权。

（三）安全动机

一是在传统安全领域，增强美国在湄公河地区的军事存在。一方面是以军事关系促进美国的安全利益，另一方面则是提升美国在湄公河地区盟友和伙伴国的军事能力，服务于其全球安全战略部署。二是在非传统安全领域，提升湄公河地区国家对美国的依赖。美国通过对湄公河地区国家一系列的援助，努力提升其对美国的依赖性。三是借助热点问题领域插手，维持对该地区事务的主导权。美国通过插手地区热点问题，一方面希望恶化中国在湄公河地区的安全环境，离间中国与湄公河地区国家的关系；另一方面希望借机介入相关国家事务，强化美国对湄公河地区的控制能力。

三 美国政府调整对湄公河地区策略的路径

（一）推进与改善同湄公河各国关系

一是政治层面，高层交往频繁。一方面，奥巴马政府加强在地区层次的多边对话；另一方面，美国频繁同湄公河地区各国进行双边高层对话。二是经济层面，多领域实施援助。其一，美国对湄公河地区的援助力度增大、援助效率提高；其二，援助领域不断拓展，除了经济援助之外，美国政府还强调对湄公河地区国家的智力支持。三是安全层面，给予安全保障承诺。首先，巩固与泰国的军事盟友关系，强调共同安全；其次，重点加强与越南的军事合作；最后，提升军事援助水平，与柬、老、缅的军事关系不断升温。

（二）加强在湄公河地区的制度建设

一是高度重视与湄公河委员会（MRC）的合作。湄公河委员会于1957年在美国主导下成立，美国与湄公河委员会的合作成为美湄关系中的重中之重。二是全面主导"湄公河下游倡议"。

2009 年，美国与湄公河地区国家召开首届"美国与湄公河下游四国外长会议"，正式提出"湄公河下游倡议"，旨在建立整合美国与湄公河地区国家间合作的新机制。三是美国与湄公河下游四国外长会议。当前，美国与湄公河下游四国外长会议已经成为美国与湄公河地区国家之间最为重要的双边援助渠道与合作机制。四是牵头组建湄公河下游之友。2010 年，美国牵头组建"湄公河下游之友"，除湄公河地区五国外，美国还将日、韩、澳等军事盟友纳入其中，以增强其在机制建设中的话语权。

（三）加大对湄公河地区的软实力输出

一是增强价值观宣传，改善和重塑美国形象。奥巴马政府通过向湄公河地区阐释其政策、控制舆论导向、提供培训等方式缓解湄公河地区国家与美国的矛盾，努力提升美国在国际社会中的形象。二是干预相关国家制度选择，输出民主。奥巴马主张依赖外交手段，运用美国的软实力，以帮助湄公河地区国家的名义干预相关国家的制度选择，输出民主。三是实行青年领袖培育计划，培养亲美人才。"东南亚青年领袖计划"旨在提高地区内年轻人的领导能力并促进跨境合作，应对区域和全球挑战，同时加强美国与东南亚各国的关系。

四 美国调整对湄公河地区策略对 GMS 合作的影响

（一）提升了美国在湄公河地区的实际影响力

一是权力性影响力提升明显。在政治影响力上，美国与传统盟友的关系得到强化，并发展了一批新的伙伴国。在军事影响力上，美越军事合作取得突破性进展，美国在军事领域对越南"松绑"，并承诺向越南提供安全保障。二是非权力性影响力拓展显著。首先，美国在湄公河地区培养了一批"亲美"人才，而这些人在各国政府、商业决策过程中往往扮演着重要角色。其次，美国通过以青年为主的社会群体，成功输出民主与人权理念，进而扩大了美国模式及理念的影响力。最后，美国的湄公河政策重点投资方向为环境、医疗、教育和基础设施等民生领域，获得了湄公河地区民众的普遍好感，改善了美国的国家形象。

（二）加剧了 GMS 区域内合作的竞争态势

一是中美地缘博弈加剧。中美在湄公河地区的竞争是全方位的，既表现在军备竞赛、经济发展等"硬实力"领域，也表现在价值观、文化、社会等"软实力"领域，其核心是地缘博弈。二是中日经济博弈突出。安倍政府上台以来，在经济上，倡议"日本—湄公河伙伴关系计划"，接手美国放弃的跨太平洋伙伴关系协定（TPP）计划，推动建立不包含中国的贸易体系。三是其他大国竞争激化。湄公河特殊的地缘位置，使域外大国不断介入。亦有印度、韩国与澳大利亚等国纷纷介入。

（三）提高了中国对湄公河地区影响力投射的成本

一是政治领域，政治互信受损。美国在湄公河地区的"搅局"，致使中国与湄公河地区国家的政治互信遭到一定程度的损害，尤其是中越之间囿于"南海争端"，严重削弱了彼此间的政治互信。二是经济领域，项目成本上涨。在美国等西方国家的鼓动下，中国与湄公河地区国家的合作项目频频受阻，致使项目成本与风险不断上涨。同时，美国利用各类 NGO 向湄公河地区国家政府施压，提高了中方企业在湄公河地区的投资成本。三是安全领域，合作阻力增大。湄公河地区国家将美国视为保障其安全、平衡中国影响力的重要力量，致使中国与湄公河地区国家在安全领域的合作空间受到挤压，合作阻力不断增大。

（四）影响了中国"一带一路"倡议的推进

一方面，湄公河地区政府对"一带一路"倡议目的产生质疑。在美国等西方国家与 NGO"推波助澜"的作用之下，湄公河地区国家对"一带一路"倡议产生怀疑，对中国快速上升的国力感到忧虑与恐惧。另一方面，湄公河地区民间对"一带一路"倡议项目设置阻碍。近年来，在具有西方国家背景的 NGO 支持与炒作之下，湄公河地区国家的资源民族主义和环境民族主义已经对GMS 合作的推进造成了严重影响，他们频频对"一带一路"倡议项目设置障碍。

五 中国应对美国湄公河策略调整的对策建议

（一）加快澜湄合作机制建设

一是明确澜湄合作机制定位。面对湄公河地区日益突出的"机制拥堵"现象，中国可在国家层面制订合作机制整体规划，就中国参与机制的定位、主体、方式进行调整与指导，明确澜湄合作机制定位，这是提升其权威性与影响力的关键。

二是增进域内国家合作共识。在澜湄合作机制建设过程中，中国有必要始终坚持"共商、共建、共享"的合作理念，通过对话、谈判、协商等方式"求同存异"，努力寻找利益共同点、构建利益共同体，使合作项目真正惠及各方、惠及民生。

三是加快澜湄国家命运共同体构建。首先，建设责任共同体，澜湄合作必须切实维护地区和平稳定。其次，建设利益共同体，澜湄合作须不断提升澜湄各国的相互依赖程度，进而夯实共同利益基础。最后，建设人文共同体，充分利用各国文化相似性高的基础，不断推动人民友好交流。

（二）调整对湄公河地区援助策略

一是协调发展理念。中国与湄公河地区国家在发展理念上的差异成为影响合作能否深入的关键因素。对此，中国既要尊重当地的发展理念，也要积极宣传中国的发展理念与发展经验。

二是创新援助方式。中国要始终坚持一种"授人以鱼不如授人以渔"的"双向共赢"思路，加强彼此间在技术、管理、教育等领域的交流合作，充分发挥 NGO 在援助中的特殊作用，淡化援助政治色彩。

（三）提高对湄公河地区软实力投射

一是价值观层面，强调亚洲价值观。在价值观上，提出并推广不同于西方以民主、人权为代表的价值观，强调湄公河地区所共有并突出家庭、平等、包容、稳定与秩序等特征的"亚洲价值观"。

二是人文层面，培养"友华派""亲华派"。中国有必要在湄公河地区培养一批"知华派""友华派""亲华派"。首先，加大汉语对外宣传与推广力度，培育当地民众的"中国情结"。其次，扩大留学生培养合作规模，使其回国后成为中国发展经验的宣传者与推广者。最后，加强对湄公河地区青年精英培训，向他们讲中国故事，传播中国经验。

三是社会层面，改善中国国家形象。一方面，形成中国政府、企业、民间组织、个人共同组成的多层次交往主体，发挥各主体优势，降低合作敏感性，构筑中国正面形象。另一方面，面向农村地区，开展修路、架桥、打水井、建医院与学校等公益活动，切实改善当地民众生活水平。

（四）注重澜湄合作制度建设

一是政治安全领域，构建安全合作框架。在传统安全领域，建立高层军事电话热线，加强军事对话与协商，提升军事援助力度。在非传统安全领域，建立相应的安全合作框架与运行机制。

二是经济发展领域，推动发展战略对接。一方面，各方必须加强在经济领域中宏观政策的互动与协调，促进贸易自由化和投资便利化；另一方面，推动各方经济发展战略对接，真正实现"共商、共建、共享"的发展之路。

三是社会文化领域，搭建文化融通平台。首先，文化融通机制建设应该释放民间参与热情，中国可通过推进"澜沧江—湄公河文化行"交流机制建设，借力民间社会的积极性与创造性。其次，丰富文化融通形式，利用佛教资源，加强宗教文化交流，以增进民间情感。最后，充分发挥高校、智库在文化融通机制建设进程中的引领作用。

（五）构建中美新型大国关系

一是积极促进中美战略沟通与协调。其一，两国政府能够认可并且尊重彼此所选择的发展制度、发展道路；其二，树立"合作共赢"的发展理念并在实践中积极践行，进一步推动务实合作。

二是有效缓解湄公河地区战略压力。中国可推动建立中、美两国与湄公河地区国家之间的三边安全对话平台，就各方所关注的问题进行开诚布公的探讨，有助于中美管控分歧、增信释疑，更有助于缓解湄公河地区国家"选边站"的战略压力。

三是共同助力湄公河地区民生发展。中国可就改善当地交通环境发挥自身在基础设施建设方面的优势，美国可就艾滋病、疟疾等疾病的防治发挥其在医药技术方面的优势，中美"合力"可有效推动当地民生发展，从而避免竞争所带来的"互输"局面。

总报告

美国对湄公河地区策略的调整及其对 GMS 合作的影响研究

前 言

自 2008 年金融危机以来，中国综合实力提升迅速，一跃成为世界第二大经济体，进而成为塑造未来世界秩序的重要力量。随着中美综合实力差距不断缩小，美国对华战略出现了由量变到质变的变化，美国遏制中国的态势越发明显，中美两国开始由合作为主逐步转向竞争为主。奥巴马执政后，即高调宣布"重返亚太"，实施"亚太再平衡"战略，其遏制中国的意图昭然若揭。2017 年，特朗普就任新一届美国总统，中美两国从间接博弈转为直接博弈。美国掀起美中贸易战的同时，在战略上由"亚太"战略向"印太"战略转变，对华实施全方位围堵。从东北亚到东南亚，再延伸至南亚，美国极力拉拢中国周边国家，希冀编织围堵中国的战略网络。显然，从地缘政治的角度来看，东南亚地区是美国推销其"印太"战略不可或缺的重要一环。

湄公河地区为东南亚大陆地区的腹地，位于太平洋、印度洋两洋交汇处，南北贯通，是典型的陆地锁钥要道，历来为大国博弈的重要地缘支点之一。作为全球地缘政治的支点，美国自然对湄公河地区格外关注。尽管越南战争后到美国"重返亚太"前，很长一段时期内美国似乎"忽视"了湄公河地区。然而，无论是冷战时期美国在此地直接厉兵秣马，抑或冷战后奥巴马政府推出的美湄合作，都表明美国的视线从未离开此地。从 2009 年开始，随着美国奥巴马政府开始对湄公河地区策略的调整，中美两国在该地区的利益重叠问题凸显，地缘政治博弈色彩渐趋浓厚，中美两国随之在这一地区展开了政治影响力、经济主导权和文化软实力等方面的激烈博弈。因此，全面分析美国奥巴马政府执政以来对湄公河地区策略的调整及其对 GMS 合作的影响，把握美国与湄公河地区国家关系的新变化，对维护中国周边环境安全与稳定、夯实周边外交基础，进而推动"一带一路"建设具有极为重要的现实意义。

本报告首先对美国奥巴马政府对湄公河地区策略调整前后的湄公河地区策略进行了回顾；其次剖析了美国政府调整对湄公河地区策略的动机；再次对美国政府调整对湄公河地区策略的路径进行了分析，继而探究了美国调整对湄公河地区策略对 GMS 合作的影响；最后，本报告在以上分析的基础上，提出了中国应对美国湄公河地区策略调整的对策建议。

第一章
美国政府调整前后对湄公河地区策略

美国战略界认为，中国的崛起是全面的，对美国的挑战也是全面的。①奥巴马政府执政期间，对其全球战略进行重大调整，亚太地区进而成为美国全球战略部署的首要地区。作为亚太地区的前沿地带，湄公河地区有着十分凸显的战略位置，该地区不仅是东北亚、东南亚和南亚地区的陆上连接点，还是沟通太平洋和印度洋的桥梁。在此背景下，美国明确表示全方位介入湄公河地区，自此美国政府的湄公河地区策略发生了重大的调整，美湄关系也随着策略的调整而不断深化发展。然而纵观美国战后参与湄公河地区的合作过程，不难发现美湄关系所取得的成就并不是一蹴而就的。

第一节 美国政府调整前对湄公河地区策略

美国政府调整湄公河地区策略之前，自 20 世纪 50 年代起，

---

① 周琪：《"再平衡"战略下美国亚太战略的目标与手段》，中国社会科学出版社，2018，第 205 页。

美国就已经开始介入湄公河地区。此后，虽然随着美国在湄公河地区的利益和面临的挑战发生变化，美国对湄公河地区的政治策略也不断调整，如 20 世纪 50 年代至 60 年代末的反共行动，70年代至 90 年代初的收缩策略。虽然在克林顿政府时期，开始强调"人道主义干预"，与部分湄公河地区国家关系正常化，但总体而言，在奥巴马政府之前，美国在湄公河地区的政治策略仍然以"施压"为主，即主张通过强制性的手段干预湄公河地区事务；在经济策略上，美国则强调"制裁为主，合作为辅"；在安全策略上，侧重传统安全领域。总而言之，美国的湄公河策略始终在政治、经济和安全方面坚定维护与发展其在该地区的战略利益。

一 政治策略：以"施压"策略为主

（一）20 世纪 50 年代～60 年代末：反共行动

"二战"后，民族解放运动迎来胜利，一系列社会主义国家如雨后春笋般出现，加剧了美国的恐共心理。冷战开始后，美国把共产主义列为国家利益最大的威胁，并高举"自由世界反对共产主义蔓延"的大旗推进民主。新中国成立后，湄公河地区成为美国对抗社会主义阵营最前沿地带，湄公河地区被美国视为进行反共行动的关键一环。一方面，美国以战争为手段干预湄公河地区事务，遏制共产主义在湄公河地区的发展。在中国人民的支持下，越南民主革命势如破竹。而美国担忧越南民主革命的胜利将会影响湄公河地区，甚至扩大到整个东南亚。在 1950 年朝鲜战争爆发后，美国随即采取行动，顺势干预印度支那事务，比如向驻扎在印度支那地区的法国部队提供军事援助、分享军事情报。[①] 1954 年，针对越南问题的《日内瓦协议》签订，美国趁法国撤离印度支那之机，迅速进入越南和老挝，开始大力扶持亲美势力。1964 年，美国鼓动老挝极右翼势力推翻民族联合政府，并出动空军轰炸老挝解放区，使老挝成为美国在湄公河地区的第二战线（见表 1 - 1）。另一方面，美国不断加强与大湄公河地区的合作，限制共产主义在湄公河地区的活动。美国为阻止共产主义深入湄公河地区，积极与湄公河地区国家展开合作，特别是与泰国关系较为密切，在 1950 年签订了《泰美军事援助协定》《泰美经济技术援助协定》。[②] 为扩大美国的影响力，在 1954 年 9 月美国联合英、法、澳、新、巴、泰、菲七国组成了东南亚条约组织。但这远远不能满足美国在湄公河地区的利益需求，美国需要将更多的湄公河地区国家绑上自己的战车，大力扩张政治联合。在美国的鼓动之下，泰国与老、柬两国于 1954 年组建"东南亚佛教国家集团计划"。[③] 但是，大部分湄公河地区国家并未接受美国所推行的政策，支持反共政策的只有泰国。美国因为深陷越南战争的"泥潭"而不能自拔，对于缅甸、柬埔寨所奉行的独立自主外交政策又无能为力，其在湄公河地区开展的反共行动走向失败。

---

① 王斯德、钱洪主编《世界当代史（1945—1988）》，高等教育出版社，1989，第 50 页。

② 马晋强主编《当代东南亚国际关系》，世界知识出版社，2000，第 195 页。

③ 马晋强主编《当代东南亚国际关系》，世界知识出版社，2000，第 195 页。

表 1-1　　"二战"之后到越南战争结束期间美国扶持的湄公河地区国家亲美势力

国家	年份	扶持对象	事件
泰国	1948～1957	批汶·颂堪	二战时批汶与日本结盟，后来转为亲美。自朝鲜战争开始，获得美国大量援助。强烈反共的批汶与美国关系十分紧密
越南	1955～1963	吴庭艳	美国向吴提供大量资金。吴在控制军队、取代保大、北越难民南迁、驱逐法国势力等一系列行动中，都得到美国支持
	1967～1975	阮文绍	在美国的默许下，吴庭艳被杀，局势几经动荡，阮文绍成为南越总统，直到越战结束前夕
老挝	1960～1962	文翁	艾森豪威尔任职期间提供援助扶持老挝的亲美政权。肯尼迪上任后支持文翁政权。1962 年日内瓦会议上，老挝左、中、右三派达成的中立宣言并没有真正落实
柬埔寨	1970～1975	朗诺	美国对西哈努克允许北越使用其领土对抗美国不满，1970 年亲美的朗诺政权在政变中取代西哈努克

资料来源：根据白雪峰《冷战后美国对东南亚的外交：霸权秩序的建构》，厦门大学出版社，2011，第 36～37 页表 2-1 改编。

（二）20 世纪 70 年代～90 年代初：收缩策略

越南战争的失败给美国带来了巨大的损失，美国在湄公河地区的利益发生了变化。尼克松上台后，美国政府立刻改变对湄公河地区的政策，在"尼克松主义"的引领下宣布美国将进入战略收缩阶段。此时期美国的湄公河地区政治策略体现出如下特点。一是美国削弱了在湄公河地区的军事力量。"1973 年 1 月 27 日，美国政府在法国巴黎签订《关于在越南结束战争、恢复和平的协定》",① 并从越南撤出所有军事部队。美国急切从越战中抽身而退，减少了在湄公河地区的军事开支。同时，美国也削弱了在泰国的军事力量，并在泰国的要求下，于1976年关闭在泰的美军基地。二是削减了对湄公河委员会的直接援助，1975年，美国直接终止了对湄公河地区的援助。三是人权外交。美国收缩政策中的另一个重要变化是在政治上推行人权外交，借军事援助威胁泰国，施压泰国推行民主化社会以及改善人权。其目的一方面是改善美国在反共行动中遭到破坏的国家形象，另一方面是间接阻止左派势力在湄公河地区的深化。在美国对湄公河地区策略总体收缩的基础上，90年代初，随着冷战结束，"孤立主义"在美国兴起，美国对湄公河地区的政治军事关注降低。

（三）20世纪90年代：与湄公河地区关系正常化

在冷战期间，美国的湄公河地区策略服务于美国的"遏制"战略，具有极为浓厚的军事色彩。冷战的结束使美国及其盟友不再面临苏联带来的所谓"共产主义威胁"。因此，克林顿政府认为美国的国家安全威胁已经发生了改变，即从危及生存变为危及国家利益，因此以人道主义干预为主的"克林顿主义"应运而生。在这样的策略指导下，美国政府立即停止了前期的军事收缩政策，积极改善同湄公河地区国家间的关系。首先，积极恢复与

---

① Council on Foreign Relations, J. R. Kerrey and R. A. Manning, *The United States and Southeast Asia：A Policy Agenda for the New Administration：Report of an Independent Task Force*, New York：Council on Foreign Relations Press, 2001, p. 165.

越南的外交关系。1995 年 1 月，美国与越南政府分别在华盛顿和河内互设联络处，美越关系开始升温；同年 7 月 11 日，美越正式建立大使级外交关系。其次，加强与泰国的政治经济合作。1997 年，泰国发生金融危机，并迅速波及整个东南亚地区。在湄公河地区国家面临严重危机的情况下，美国借助经济援助，试图扩大其在该地区的战略利益。最后，深化与老挝的关系。1991 年 11 月，美国与老挝的外交关系升格为大使级，并于 1992 年 8 月双方恢复互派大使。① 90 年代，在美国的努力下，美国与湄公河地区国家的关系逐步恢复了正常化，这为此后美国大力介入湄公河地区事务奠定了基础。

（四）21 世纪初：反恐

21 世纪初，美国遭遇了有史以来最严重的恐怖袭击，沉重打击了美国的安全环境，美国积极调整政治策略，以降低对美国的利益威胁。在这一时期，小布什政府认为美国的主要威胁源于恐怖主义以及核武扩散。为保证美国国家环境的安全，小布什强调"绝对安全"，并推行单边主义政策，积极推广美国的意识形态和价值观。小布什将湄公河地区视为反恐的主要战场之一，强调与湄公河地区国家在反恐领域的合作。例如，美国与泰国展开军事合作，2003 年 10 月，小布什访问泰国之后，泰国被纳入美国的反恐战线之中，并优先获得美国所提供的资源。随后，美泰两国

---

① 屠酥：《美国与湄公河开发计划探研》，《武汉大学学报》（人文科学版）2013 年第 2 期，第 122 ~ 124 页。

在军事演习、军事援助、情报交流、军事培训、共同遏制大规模杀伤性武器扩散、联合进行区域救援行动和派遣维和部队等领域加强合作。2003 年，美、泰、新三国举行"金色眼镜蛇"联合军演，本次军演即以共同打击恐怖主义为主题。同年 6 月，美国又与泰、新、马三国进行"克拉特"海上战备合作与训练联合军演，以提升联合反恐能力。

综上，从 20 世纪 50 年代到 21 世纪初，美国参与湄公河地区的政治策略重点经历了反共、收缩、与湄公河地区关系正常化、反恐的不断变化，而在这些变化的基础上，美国始终贯彻"施压"策略，强制介入湄公河地区，注重武力干预湄公河地区事务，提升在该地区的影响力。这也为奥巴马政府的湄公河地区策略调整奠定了基础，有利于美国重返湄公河地区。但是，不难发现，美国政府湄公河策略调整前，美国对湄公河地区的政治策略虽然有不同的侧重点，却尚未明确在湄公河地区的政治策略目标，并未制订出具体的策略执行计划，长期以来，美国实际上对湄公河地区的重视程度不足。

二　经济策略：制裁为主，合作为辅

在美国政府调整湄公河地区策略前，美国与湄公河地区国家较少展开双边经济合作。在这一时期，美国通过经济制裁手段以及对湄公河地区的经济援助维护了其在该地区的经济利益。在冷战结束后，虽然美国着力恢复与湄公河地区国家间的关系，积极开展经济合作，但是在对湄公河地区策略调整之前，美国在湄公河地区的经济策略总体上仍是以制裁为主、合作为辅。

美国对湄公河地区策略调整前，许多湄公河地区国家受到了美国的经济制裁。以越南为例，1975 年越南统一后，美国将贸易禁运扩大到越南全国。1978 年越南入侵柬埔寨，美国敦促其他西方国家对越南实行贸易禁运。冷战结束后，美国恢复了与越南的经济关系，但是又开始对缅甸的长期经济制裁。1988 年，缅甸军政府上台，以美国为代表的西方国家对其展开一系列制裁，以惩罚缅甸军政府对人权的侵犯。并且在 1997 年 5 月通过法案，禁止美国企业在缅甸的新投资。虽然美国对缅甸的制裁也面临两难境地，一方面，如果美国孤立缅甸，等于放弃对缅甸施加影响的机会，而且美国对缅甸的经济影响不足以对缅甸造成难以替代的损失，缅甸可以从其他国家获取投资和市场；另一方面，如果美国不制裁缅甸，美国的人权及民主价值观就无法得以体现，政府和国会也难以应付来自民间的压力。而事实上，在 1999 年美国国会举行的“单边贸易制裁的有效性”听证会上得出“美国几乎所有的单边制裁从始至终都失败了”的结果的基础上[1]，美国依然坚持保持对缅制裁，直至 2011 年吴登盛政府上台后才逐渐停止。

而在经济合作方面，冷战之前，主要表现在美国对湄公河流域的开发援助。1957 年，湄公河委员会成立，美国随即宣布对其开发计划提供技术援助和资金援助，向湄委会提供了 200 万美元的资金支持。[2]随后，美国扩大对湄公河开发计划的援助力度。截

---

① L. Buszynski, "The United States and Southeast Asia: A Case of Strategic Surrender," *Journal of Southeast Asian Studies*, Vol. 14. No. 2, May 1983, p. 225.

② A Digest and Selected Bibliography of Information, *TVA - Symbol of Valley Resource Development*, Tennessee: TVA Technical Library, 1961, p. 62.

至 1974 年，其军事援助金额达 186.576 亿美元，非军事援助达 87.773 亿美元，总金额高达 274.349 亿美元（具体见表 1-2）。[1] 尼克松总统上台之后，配合其收缩政策，美国对湄公河地区的援助热情逐渐减弱。1975 年，随着美国从越南的撤出，美国国会终止了对越南、老挝、柬埔寨的直接援助。[2] 越南实现统一后，美国停止了对湄公河开发计划的援助。

表 1-2　1946～1974 年美国对湄公河地区国家的援助

单位：百万美元

国家	军事援助	非军事援助	援助总额
缅甸	80.8	107.5	188.3
柬埔寨	750.2	551.4	1301.6
老挝	1459.2	878.2	2337.4
泰国	1147.5	702.3	1849.8
越南	15219.9	6537.9	21757.8
总计	18657.6	8777.3	27434.9

资料来源：笔者根据 Thomas J. Bellows，" The United States and Southeast Asia"，*World Affairs*，Vol. 137，1974，pp. 95 - 100，Table 1 & 2 重新计算制作。

　　冷战结束后，美国着力恢复与湄公河地区国家间的关系，积

---

[1] Report to the Congress, by the Comptroller General of the United States, "U. S. Policy for the East Asia Regional Economic Development Program：What Should It Be?" Department of State, Agency for International Development, October 28, 1975, p. 4.

[2] Report to the Congress, by the Comptroller General of the United States, "U. S. Policy for the East Asia Regional Economic Development Program：What Should It Be?" Department of State, Agency for International Development, October 28, 1975, p. 4.

极开展经济合作。一是积极同湄公河地区国家展开贸易往来。从
1995 年到 1999 年，美国从缅甸的服装进口额飙升了 272%，2000
年的服装进口额约为 3.4 亿美元。[①] 1994 年完全取消了对越南的
相关贸易禁运，同时支持越南向国际货币基金组织以及世界银行
申请贷款，来补充完善越南人民基本生活需要的项目。在美越关
系正常化之后，美国就给予了越南最惠国待遇，撤销对亚洲开发
银行、其他国际金融机构、世界银行向越南发放贷款的一切限
制。美国政府出于经济和战略上的考虑，加快改善和发展与越南
的关系。美越关系的改善不仅发展了越南经济，同时给美国带来
了巨大的经济利益。90 年代以来，越南的经济改革有了较大成
效，成为湄公河地区经济发展较快的国家之一。到 2000 年 10 月，
美国在越南的投资项目有 100 多个，合同投资额达到 10 亿多美
元。[②]二是加快湄公河地区的经济建设，1995 年 7 月底，由美国政
府 19 位内阁成员组成的 "美国贸易促进协调委员会" 对世界新
兴大市场的组成进行了增补，把泰国、越南全部划入其中，作为
推进美国贸易的重点地区。同时，美国对以湄公河地区经济合作
为代表的次区域发展规划持支持态度，在越、老两国加入世界贸
易组织（WTO）的谈判中发挥着重要作用。但对于缅甸加入东盟

---

① A. D. Ba, M. Beeson, D. Capie, *The United States and Southeast Asia*, Singapore：
Contemporary Southeast Asia, 2012, p. 236.

② Council On Foreign Relations, J. R. Kerrey and R. A. Manning, *The United States
and Southeast Asia：A Policy Agenda for the New Administration：Report of an In-
dependent Task Force*, New York：Council on Foreign Relations Press, 2001,
p. 165.

一事，美国和东盟之间出现了一些摩擦。美国强烈反对缅甸成为东盟成员国，认为国际社会应对其进行封锁和制裁来促其民主转变。三是逐渐增加对湄公河地区国家的双边援助。1995 年美国国务卿克里斯多弗访问柬埔寨，在金边签署了向柬埔寨提供 1200 万美元技术援助资金的协议，其中包括环境、政治经济改革、健康和教育等项目。[1] 1996 年，美国继续向柬埔寨提供约 4000 万美元的援助。[2]

三　安全策略：侧重传统安全领域

湄公河地区有着十分凸显的战略位置，该地区不仅是中国和东南亚地区的陆上连接纽带，还是沟通太平洋和印度洋的桥梁。它的战略位置主要体现在该地区是亚洲板块的连接点，向北延伸是东亚经济强国，向西延伸是石油原料产地，向南延伸是东南亚腹地，控制了湄公河地区实则是扼住了亚洲的整个陆上要塞。在奥巴马政府调整对湄公河地区的安全策略前，历届政府对湄公河地区的安全策略主要侧重于传统安全领域，力图在该地区保持战略利益与影响力。直至"9·11"事件发生，才逐渐注重非传统安全领域的策略。

从 20 世纪 50 年代开始，美国尤其注重在传统安全领域对湄公河地区的介入，通过直接在湄公河地区部署军事力量，向湄公

①　Nguyen Thi Dieu, *The Mekong River and the Struggle for Indochina*：*Water*，*War and Peace*, New York：Praeger Publishers, 1999, pp. 130 – 131.

②　J. W. Jacobs, "The United States and the Mekong Project," *Water Policy*, Vol. 32, No. 6, January 2000, pp. 587 – 603.

河地区的同盟国以及友好国提供援助，甚至以发动战争的方式干预湄公河地区事务，遏制共产主义在湄公河地区的发展。20 世纪 60 年代末至 70 年代末，美国收缩在湄公河地区的军事力量。越南战争已发展成一场旷日持久的战争，美国世界警察的角色深受打击。国际社会的压力与日俱增，随着西欧的崛起、东亚地区的力量增长、第三世界民族主义的推进，美国早前的遏制战略已显得心余力绌。面对国内国际的双重压力，美国为确保在冷战中的优势，及时调整安全策略，抛出了"收缩亚洲，确保欧洲"的尼克松主义。该战略持续了三届政府，即尼克松、福特、卡特政府，时间长达十年。其实质是美国认清自身实力日益衰落之后，与苏联展开均势争夺的主要表现。20 世纪 80 年代，美国重新部署在湄公河地区的军事力量。在美国推行收缩战略的十年期间，苏联趁势对亚太地区展开进攻态势，加上湄公河地区国家力量的增强，美国此前在湄公河地区的优势丧失殆尽。里根上台后，调整以往的收缩战略，提出"重返亚洲"的新战略。一是大力增强军事实力。美国对湄公河地区实行扩军政策，使其军事实力在该地区率先具有优势。同时联合亚太国家，如日本、韩国和东盟各国组成与北约类似的亚太集体防御体系，在湄公河地区形成有效防线。二是积极增强与该地区的军事合作。这一时期，美国与湄公河地区国家军事演习频繁，其中"金色眼镜蛇"是这一地区最大的军事演习，主要是美国和泰国之间进行，也有湄公河地区其他国家参与。军事演习不仅提高了美国军队和参与演习的湄公河地区军队的协同作战能力和作战水平，也展示了美国在湄公河地区的军事同盟关系。

21世纪初期发生的"9·11"事件对美国的安全环境产生了重大冲击，深刻地影响了美国的安全策略。"9·11"事件使美国之前制定的安全策略都遭受了质疑，美国不得不对其安全策略进行调整，开始注重非传统安全领域，将反恐作为非安全领域的核心内容。在此背景下，作为反恐前沿的湄公河地区，受到了美国的格外关注。为此，以"全球自由化"、"反恐作战"和"大国协调"为调整基调，借助打击湄公河地区恐怖力量，美国重新对湄公河地区进行军事力量部署，为其全球安全策略的实施奠定基础。

第二节　美国政府调整后对湄公河地区策略

奥巴马在2008年金融危机之中开启自己的执政之旅，面对中国的强势崛起，美国政府开始将其全球战略重心由中东地区转向亚太地区。湄公河地区由于与中国山水相连的特殊地缘位置，成为美国遏制中国崛起、进行地缘博弈的前沿地区。因此，美国奥巴马政府随即对湄公河地区策略进行调整，以掌握地区主导权为核心，服务其"亚太再平衡"的全球战略。"制衡中国"无疑是美国湄公河地区策略调整的重要因素。

一　政治策略："接触"与"施压"策略并行

奥巴马总统执政以后，一改美国政府长期对湄公河地区的忽视态度。在政治上积极奉行"接触"与"施压"并行策略，与中国在该地区直接展开争夺伙伴国的地缘博弈。一方面，美国政府通过"全面接触"策略，以加强与湄公河地区国家的双边关系。即在巩固与泰国传统盟友关系的基础上，加强与越南、老挝等国的双边关系，并适时改善与柬埔寨、缅甸等国的关系。以越南为例，奥巴马政府刻意弱化彼此在社会制度、意识形态上的差异，采取务实的政策谋求两国在政治、经济和安全等领域的全方位合作关系，"将越南视为一个日益密切的伙伴和新生的地区领导力量"。① 缅甸自军政府执政以来，即受到美国政府长期的孤立与制裁，美缅关系陷入低谷。然而奥巴马总统入主白宫后，对缅政策进行调整，实施"接触"政策，美缅高层互动趋于频繁，两国关系逐渐正常化，"使得缅甸成为当前美国全面接触东南亚的突破口"。②

另一方面，在"接触"的同时，美国政府通过向部分湄公河地区国家政府"施压"，以达到其预期目标。例如，在美国与缅甸军政府开启直接对话后，依然于 2009 年宣布对缅经济制裁延长一年，迫使缅甸军政府于 2010 年底释放缅甸民盟领导人昂山素季。当前的特朗普政府实质上继续实施"接触"与"施压"并行的政治策略，针对缅甸若开邦日趋激化的"罗兴亚人"问题，声称美国将惩罚涉及"种族清洗"的缅甸军方领袖，致使缅甸政府解决"罗兴亚人"问题的压力剧增。2014 年，泰国巴育将军发动军事政变，美国即暂停美泰军事交流，并以停止对泰军事援助向

---

① 王阔：《奥巴马政府的东南亚政策及其对中国—东盟关系的影响》，硕士学位论文，云南大学，2011，第 35 页。

② 马方方：《中美软权力博弈东南亚》，中国社会科学出版社，2017，第 64 页。

泰国军政府施压。同时，每当中缅、中柬关系走近时，美国政府总不忘施压相关政府，以凸显其地区影响力。美国的"接触"与"施压"策略和其早期"胡萝卜"与"大棒"政策一脉相承。

二　经济策略：增强地区经济合作主导权

2008年，美国爆发金融危机，致使其经济损失惨重，并且以"华盛顿共识"为代表的美国发展理念受到国际社会的普遍质疑。奥巴马政府随即将目光投向地区经济合作，试图以此带动美国经济发展。而主导湄公河地区的经济合作，不仅有助于深化彼此经贸往来，更有助于削弱中国在该地区强大的经济影响力。基于此，美国积极创建地区合作组织，并试图通过对湄公河地区国家的支持与帮助，平衡海岛国家与半岛国家在其对外战略中的地位，突破前期政府"厚此薄彼""重老轻新"的政策思路，进而谋求在该地区经济合作中的主导权。

美国政府增强地区经济合作主导权的策略调整主要包含两方面的内容。一是建立以美国为主导的经济合作机制。以"湄公河下游倡议"机制为代表，这一倡议明显将中国排除在外，旨在深化美湄在经贸、环境、卫生等地区事务领域的合作，形成不同于中国的地区经济发展模式。二是主导建立以TPP为代表的区域经济合作规划，这一规划早期只有越南一国参加，但是奥巴马政府明确表示欢迎湄公河地区所有国家参与这一规划。以高标准贸易与投资安排著称的TPP，是美国"重返亚太"尤其是"重返东南亚"战略中的核心一环，目的在于改变其在地区经济合作中的劣势地位，吸引湄公河地区国家加入美国的合作框架，进而削弱中

国—东盟自贸区的影响力。① 2017 年特朗普政府虽然签署了废除
TPP 的法令，但是近期特朗普总统为了应对中美贸易战，考虑重
启 TPP 谈判。②

三 安全策略：积极扩展新军事合作伙伴

与小布什时期在该地区强调反恐合作不同，奥巴马政府在安
全策略上主要通过贯彻执行"亚太再平衡"战略，以提升美国在
湄公河地区的安全影响力为策略重点。主要方式即是在巩固既
有盟友关系的基础上，积极扩展新军事合作伙伴，一是加强与
越南、柬埔寨等国在安全与国防领域的对话、合作关系；二是
拉拢日本、澳大利亚等国进入湄公河地区，扩大美国盟友在该
地区的军事存在，进一步压缩中国与湄公河地区国家安全合作
的空间。

越南是美国扩展军事合作伙伴、进行策略调整所关注的重点
国家。自奥巴马政府上台以来，不断深化与越南在军事防务方面
的合作。2010 年 8 月，美越两国高官在河内举行了两国自越战结
束以来首次高层防务对话，这标志着美国与越南在军事安全合作
方面关系日趋密切。美国更是宣称越南已从"敌人"变为"朋

---

① 参见 Ernest Z. Bower，"U. S. Strategic Alignment: Squaring Trade and Grand Strategy in Asia," *Center for Strategic and International Studies（CSIS）*，Vol. 3，2012，http://csis - prod. s3. amazonaws. com/s3fs - public/legacy _ files/files/publication/120329_ SoutheastAsia_ Vol_ 3_ Issue_ 6. pdf。

② 《特朗普要求下属研究重新加入 TPP 可能性》，新华网，2018 年 4 月 13 日，http://www.xinhuanet. com/world/2018 - 04/13/c - 129850403. htm。

友"，美越关系开启"新篇章"。① 同时，美国明显地加大了其介入中国与越南岛礁主权和海洋争端的力度，不仅解除对越武器禁运，更是多次派出军舰进入南海争议地区，为越南"撑腰"，以巩固两国军事合作伙伴关系。

---

① 《奥巴马与阮富仲会晤 宣布接受邀请将访问越南》，中国新闻网，2015 年 7 月 8 日，http：//www.chinanews.com/gj/2015/07－08/7390781.shtml。

第二章
美国政府调整对湄公河地区策略的动机

奥巴马政府上台之后，为配合其"重返亚太""亚太再平衡"战略的实施，美国加大了对湄公河地区事务的介入。通过在多边、双边以及功能领域开展合作，美国迅速恢复并加强了在该地区的影响力。约瑟夫·奈认为，美国区域合作的主要利益可概括为"区域影响力、围堵需要、经济发展需要和冲突预防和管理区"。[①] 将约瑟夫·奈的分析与美国在湄公河地区的政策调整相结合分析发现，自艾森豪威尔政府以来，美国历届政府的湄公河地区政策虽然发生了阶段性的变化，但实际上，美国对湄公河地区策略调整的动机取决于其对"利益""对手"的认知。"利益"指美国出于在湄公河地区的政治、经济、安全等方面的利益考量。"对手"指美国在湄公河地区的竞争对手及其所界定的对其战略利益造成的威胁。如 20 世纪 50～60 年代末、"9·11"事件

---

① Joseph Nye, "United States Policy Toward Regional Organizations," *International Organization*, Vol. 23, No. 3, 1969, pp. 719 – 740.

之后分别将"共产主义""恐怖主义"界定为对其国家安全的威胁。①

第一节　政治动机

从政治意义上来说，美国政府对湄公河地区的策略调整为其整体的亚太战略服务。一方面，随着湄公河地区在美国亚太战略中的地位不断凸显，湄公河地区成为各大国东南亚外交的焦点，湄公河地区在美国战略中的重要性也随之上升。另一方面，随着中国的崛起，中国在湄公河地区的影响力日益增强，美国担心将会威胁其在东南亚地区的利益，破坏其所建立秩序的稳定。

一　重返湄公河地区，实现美国战略目标

重返湄公河地区，与美国界定的国家利益和战略目标息息相关。小布什政府虽然通过多种手段、方式提升与湄公河地区国家的合作，包括频繁地与东盟联系、增大对相关国家的援助力度等，但是小布什时期美国在改善与湄公河地区国家关系方面仍然显得有心无力，湄公河地区仍然是美国影响力的薄弱点。2009年，奥巴马政府上台之后，对美国的湄公河地区策略进行了重新考量与调试。其策略以"重返亚太""亚太再平衡"战略为指导，具体实践则是从"全方位介入"东南亚地区，到"高调重返东南

---

① 任远喆：《奥巴马政府的湄公河政策及其对中国的影响》，《现代国际关系》2013年第2期，第21~26页。

亚",再到提出"美湄合作"新框架。①

在美国反复强调东南亚对其国家利益重要性的背景下,湄公河地区国家再次成为美国"重返亚太""亚太再平衡"的重要战略区域,成为关系美国全球战略成败的重要地区。2011 年 3 月,美国主管东亚和太平洋事务的助理国务卿坎贝尔强调"湄公河下游倡议"应被视为美国介入东南亚事务的优先选项。② 2012 年 7 月,美国国务卿希拉里宣布了"亚太战略参与计划"(AP-SEI),APSEI 基于双边与多边事务,是美国介入湄公河地区新的综合援助框架,进而维持该地区的稳定与繁荣。其中,加深在湄公河地区的介入,就是美国重点支持的六大领域之一。③ 2016 年,美国则通过东盟—美国领导人特别峰会重申促进东盟与美国务实合作,并对东南亚及东盟做出长期承诺,向美国公众传递美国的战略利益与东南亚地区的和平、安全与繁荣息息相关的强有力寄语。④ 可以说,湄公河地区已经成为美国战略的前沿,重返湄公河地区为美国开拓了新的战略,为美国实现其战略利益和目标奠定了良好的基础。

---

① 尹君:《冷战后美国与湄公河流域国家关系的发展、动因及影响研究》,博士学位论文,云南大学,2015。

② Foreign Policy, "The American Pivot to Asia," December 21, 2011, http://foreignpolicy.com/2011/12/21/the-american-pivot-to-asia/.

③ 《美国宣布亚太战略参与计划 将加深双边安全合作》,中国新闻网,2012 年 7 月 12 日,http://www.chinanews.com/mil/2012/07-16/4035450.shtml。

④ 《东盟—美国领导人特别峰会:阮晋勇总理强调双边关系的重要战略意义》,越南人民报网,2016 年 2 月 16 日,http://cn.nhandan.org.vn/asean/item/3872201.html。

二　改善同湄公河地区国家的关系，影响其政治模式选择

美国非常重视发展与湄公河地区的双边关系，一方面，湄公河地区国家占东盟成员国一半，但是碍于历史因素，这些国家同美国的关系都不同程度存在问题，因而改善同湄公河地区国家的关系显得尤为必要。① 就与美国关系而言，湄公河地区国家可分为三类：一是美国的传统盟友泰国；二是冲突与合作并存的越南、老挝等国；三是问题较多，甚至略显敌对的缅、柬两国。② 针对这三类国家，奥巴马政府的政策是巩固第一类、拉拢第二类和积极接触第三类。③ 在此基础上，美国首先巩固与其盟友泰国的关系，2012 年 11 月 18 日，美国总统奥巴马访问亚洲的首个目的地就是泰国，这是美泰同盟关系发展的重要举措。其次企图将越南培养为在湄公河地区新的战略支点，美国利用越南和中国在领土上的矛盾拉拢越南，试图将越南发展成"战略伙伴"，2011 年 9 月，美越正式签署《防务合作谅解备忘录》。④ 另一方面，湄公河地区越南、老挝、柬埔寨都不是美国认定的"民主国家"，通过调整对湄公河地区策略，美国希望加紧对这一地区进行所谓的民主改造，推动这些国家的"民主"

① 任远喆：《奥巴马政府的湄公河政策及其对中国的影响》，《现代国际关系》2013 年第 2 期，第 21～26 页。

② 储召锋：《亚太战略视域下的美国—东盟关系考察》，《国际展望》2012 年第 1 期，第 14～25 页。

③ Lewis M. Stern，"Diverging Roads：21st - Century U. S. - Thai Defense Relations," *Institute for National Strategic Studies*，Vol. 2，No. 24，2009，p. 34.

④ U. S. Department of Defense，"Quadrennial Defense Review Report," https：//www. defense. gov/News/Special - Reports/QDR/.

和人权，影响该地区的政治模式选择，使其按照美国所期望的政治模式发展，在湄公河地区实现美国式的民主，维护美国在湄公河地区的领导地位，这个政治动机也是美国总体对外战略的重要组成部分。

三　制衡中国，遏制中国在亚太地区的影响力

美国的湄公河策略调整取决于对"利益""对手"的认知，而作为美国的"对手"，中国在美国的湄公河地区策略中一直具有举足轻重的地位。中国的政治、经济和军事力量在湄公河地区的稳步增长，增加了美国对其在该地区地位和利益的担忧，美国认为中国在湄公河地区的影响严重威胁其在东南亚甚至整个亚太地区的利益。① 自奥巴马高调宣布"重返亚太"之后，美国重新开始重视在湄公河地区的发展。②

一方面，中国与东盟关系的发展引起了美国的不安。中国与东盟的制度建设不断完善，并且双方已经建立了全面战略伙伴关系，中国参加了东盟牵头的几乎所有地区合作机制，双方建立了较为完善的对话合作机制。在国际和地区事务上，中国与东盟的合作和协商水平进一步提升。中国始终支持东盟在东亚合作进程中发挥的主导作用，同样，东盟也在相关事务上积极支持和配合中国。③ 另

---

① Hidetaka Yoshimatsu, "The United States, China, and Geopolitics in the Mekong Region," *Asian Affairs: An American Review*, Vol. 42, No. 4, January 2015, pp. 173 – 194.

② 王兰:《奥巴马政府的东南亚政策解析》，硕士学位论文，吉林大学，2011。

③ 中国—东盟中心:《中国—东盟关系》，中国—东盟中心网站，2014 年 2 月 2 日，http://www.asean – china – center.org/2014 –02/02/c_ 13262771_ 5.htm。

一方面，中国在湄公河地区影响力的扩大引起了美方疑虑。随着近年来中国在该地区影响力的迅速上升和双方合作的不断深化，湄公河地区已成为中国在周边的战略依托，湄公河地区国家也是推进"一带一路"建设的重要合作伙伴。

在此背景下，美国各界普遍认为美国亟须遏制中国势力的"扩张"，拉拢湄公河地区国家来牵制中国，巩固美国在东南亚地区的主导地位，服务于美国的"重返亚太"战略。[1] 美国湄公河地区策略的首要关注点是，通过对湄公河地区事务的逐步介入，迫使中国更多地听取地区其他各国的意见，拉拢越、老、柬等几个湄公河下游国家，发挥更为广泛的地区主导作用。[2] 同时，通过在海上和陆上同时保持对中国的压力，联合湄公河地区国家共同面对中国崛起可能带来的"威胁"，通过增加投入、利用湄公河地区国家与中国之间的矛盾和争议、强化对湄公河地区事务管控等手段，遏制中国在湄公河地区日益增长的影响力，达到制衡中国、维护美国的主导实力及地位的目的。因此，在奥巴马政府时期，美国8年的对华政策，有一个"接触"与"遏制"两手相对平衡，逐步发展到对华强硬和更倾向"遏制"的演变过程。奥巴马政府加大在湄公河地区的军事、经济和外交投入，有意利用

[1] Edward C. Keefer, *Foreign Relations of the United States*, 1964 – 1968, *Mainland Southeast Asia*; *Regional Affairs*, Vol. XXVII, Washington : United States Government Printing Office, pp. 46 – 96.

[2] U. S Senate, "U. S. Senate: Committee Hearing Schedule," June 24, 2005, https://www. intelligence. senate. gov/hearings/usa – patriot – act – april – 19 – and – 27 – and – may – 24 – 2005.

中国与湄公河地区国家的领土和海权争端来制衡中国，占据在湄公河地区的"战略制高点"，以便遏制中国在亚太地区的影响力。

第二节　经济动机

一　改善金融危机之后美国的经济状况，开拓亚洲市场

奥巴马上任之后，美国经济尚未从金融危机的影响中恢复，国内生产总值（GDP）呈负增长，失业率居高不下。虽然在金融危机期间，湄公河地区国家受到了一定程度的影响，人均 GDP 增速有所放缓，但是据世界银行统计，2010 年之后，湄公河地区国家的经济逐渐复苏，多数国家的 GDP 增长率在 2010 年超过 4%（如柬埔寨 4.345%、越南 5.332%、泰国 6.991%），一些国家能够超过 8%（如缅甸 8.858%），这同美国的 GDP 增长率（1.681%）构成鲜明的对比（见图 2-1）。[①]

金融危机对美国具有长期优势的金融业和实体经济造成了严重的影响，[②] 在美国经济处于内外困局的背景下，奥巴马政府对其湄公河地区策略进行调整，重点关注东南亚地区的新兴经济体，大力拓展湄公河地区的市场，提升与湄公河地区各国在经贸方面的合作水平，企图通过对外贸易来减轻金融危机对美国的影响。

---

① 王缉思、赵建伟：《评美国亚太"再平衡"战略》，《冷战国际史研究》2017 年第 1 期，第 55～90 页。

② 罗圣荣：《奥巴马政府介入湄公河地区合作研究》，《东南亚研究》2013 年第 6 期，第 49～54 页。

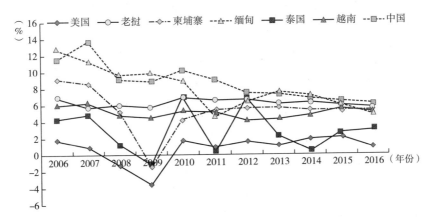

图 2 - 1　2006～2016 年湄公河地区国家和中美的人均 GDP 增长率

资料来源：根据世界银行（The World Bank）数据整理制作，https：//data. worldbank. org/ indicator/NY. GDP. PCAP. KD. ZG？ end = 2015&locations = US – KH – LA – MM – TH – VN – CN&start = 2000&view = chart。

　　奥巴马政府为了兑现当初对其选民做出的实现出口翻一番的承诺，重点扩大了对湄公河地区国家的出口与投资。借助亚太经合组织（APEC）、二十国集团（G20）等平台，在改善同湄公河地区各国的双边关系的基础上，美国在湄公河地区进一步开拓市场、降低出口限制，贸易往来更加公开透明，[①] 为此，自奥巴马上台以来，美国同东盟已签署了《美国—东盟扩大经济合作倡议》（E3）、《美国—东盟贸易和投资框架协定》（TIFA）、《以贸易和投资推动东盟联通倡议》（ACTI）。[②] 2008～2014 年，美国与

---

①　赵可金、殷夕婷：《美国战略调整与中美新型大国关系》，《国际关系学院学报》2012 年第 6 期，第 71～84 页。

②　U. S. Department of State，"U. S. Participation in the Extraordinary Friends of the Lower Mekong Meeting，" February 3，2015，http：//www. state. gov/r/pa/ ime/eapmediahub/237168. htm.

湄公河地区五个国家的货物贸易额增长了 40%。[1] 在美国调整湄公河地区策略之后，经过数年的发展，[2] 美国在某种程度上改变了 1997 年亚洲金融危机后同湄公河地区国家经济合作发展缓慢的势头，增进了与湄公河地区各国的经济融合。根据财政预算显示，在整个亚太地区，奥巴马总统的举措有助于支持美国的就业和创造经济机会，包括在 2012 年对 21 个亚太经合组织经济体的商品出口支持的 500 多万个美国就业岗位。[3]

二 加强相关国家对美国的经济依赖，扩大其经济影响力

随着湄公河地区国家经济进入快速发展阶段，美国积极抓住扩大经济影响力的机遇。美国政府希望利用经济手段，通过对湄公河地区的国家进行直接的经济投资（见表 2-1），用自由资本主义的市场影响湄公河地区，使其开放国内市场，减少贸易壁垒。奥巴马政府执政以来，通过对湄公河地区双边经贸关系的关注和多边合作的推进等投入，加强与湄公河地区的经济相互依赖关系。据相关数据显示，2016 年，东盟同美国贸易额达 2118 亿

---

① 任远喆：《美国东盟关系的"三级跳"与东南亚地区秩序》，《南洋问题研究》2017 年第 1 期，第 17~28 页。

② The Statistics Portal，"Direct investment position of the United States in Asia Pacific from 2000 to 2016，" https：//www. statista. com/statistics/188604/united－states－direct－investments－in－the－asia－pacific－region－since－2000/.

③ President Barack Obama，"Fact Sheet：The Fiscal Year 2014 Federal Budget and the Asia－Pacific，" April 12，2013，https：//obamawhitehouse. archives. gov/sites/default/files/docs/asia_ pacific_ rebalance_ factsheet_ 20130412. pdf.

美元，占东盟贸易总额的 9.47%。[①] 2015 年美国对东盟的外商直接投资资金达 122 亿美元，成为东盟第三大外资来源国。目前美国是东盟的最大外国直接投资来源之一，截至 2015 年，美国对东盟的外商直接投资资金累计达 2734 亿美元。[②] 同时，美国与湄公河地区国家均已签订了"贸易与投资框架协议"。美国和缅甸定期根据《2013 年美缅贸易和投资框架协议》进行合作，为两国政府之间就贸易与投资问题进行持续对话创造了一个平台。虽然美国与缅甸的贸易额仍然很小，但自从取消制裁以来，已经大幅增长。2016 年，美缅双向贸易额为 4.38 亿美元，美国对缅甸的出口总额为 1.94 亿美元，自 2012 年以来几乎翻了两番。[③]

表 2-1　2006~2016 年美国对湄公河地区国家的直接投资金额

单位：百万美元

年份	泰国	柬埔寨	老挝	越南	缅甸
2006	10642	-2	-3	261	*
2007	10284	-2	-3	426	*
2008	9162	-2	-3	477	*
2009	9457	25	0	738	*

① 中华人民共和国驻东盟使团经济商务参赞处：《对外投资合作国别（地区）指南——东盟》（2017 年版），http://www. asean. mofcom. gov. cn/。

② 《美国协助东盟实现东盟经济共同体经济一体化进程中的各项目标》，越南人民报网，2016 年 8 月 5 日，http：//cn. nhandan. org. vn/international/inter-national_ news/item/4337801. html。

③ Office of the United States Trade Representative, "Southeast Asia & Pacific：Burma," https：//ustr. gov/countries - regions/southeast - asia - pacific/Burma.

续表

年份	泰国	柬埔寨	老挝	越南	缅甸
2010	12999	30	0	799	*
2011	11840	37	0	964	1
2012	10773	54	0	1143	1
2013	9957	—	0	1348	1
2014	11054	—	0	1575	1
2015	10594	—	0	1268	1
2016	11774	—	0	1492	1

注：（＊）表示在适用情况下，介于－50 万美元至＋50 万美元的非零值；（—）表示该单元格中的数据已被抑制以避免个别公司的数据泄露。

资料来源：美国经济分析局（U. S. Bureau of Economic Analysis），https：//www. bea. gov/iTable/iTable. cfm？ReqID＝2&step＝1#reqid＝2&step＝7&isuri＝1&202＝1&203＝30&204＝10&205＝1，2&200＝1&201＝1。

三 削弱中国在湄公河地区的影响力，主导该地区的经济合作

近年来，中国与湄公河地区的经济合作取得了良好的进展，双边贸易额、投资额不断增长，贸易结构不断改善。中国还通过不同类型的投资方式参与湄公河地区相关国家的经济与贸易合作开发建设，提升当地的经济发展水平。2017 年中国同湄公河地区国家贸易总额达 2200 亿美元，同比增长 16%。中国累计对湄公河地区各国各类投资超过 420 亿美元，2017 年投资额增长 20% 以上。[①] 同时，

---

① 《李克强在澜沧江－湄公河合作第二次领导人会议上的讲话（全文）》，新华网，2018 年 1 月 10 日，http：//www. xinhuanet. com/2018－01/11/c_1122240871. htm。

中国通过在亚洲开发银行（ADB）和东盟各国形成的多个国家之间的多边合作，实施了针对湄公河地区发展的有针对性的政策。如在 2005 年 3 月，中国在亚行内部设立了区域合作与扶贫基金，它是亚行在发展中国家成立的第一个基金，也是中国首次在国际机构开展合作。中国政府还为 GMS 合作提供力所能及的资金支持。中国在湄公河地区区域合作的参与度持续提高、影响力逐步增强，造成了美国在该地区利益的忧虑。有美国学者认为中国政府已经成为湄公河地区的主要出口大国，并且中国已经将这种经济影响力转化为政治影响力。[1]

　　为了削弱中国在湄公河地区的经济影响力，保持美国在该地区的优势，美国在地区经济合作机制方面与中国展开了全面的竞争。中国是东盟第一大贸易伙伴，积极参与东盟主导的 "10 + 3" 和 "区域全面经济伙伴关系"（RCEP）等政治、经济机制，而奥巴马政府积极推动其主导的 TPP 成为实现未来亚太自贸区的主要路径，其建立的目的就是要由美国而不是中国来制定世界贸易的规则。[2] 通过以 TPP 为代表的一系列经济合作机制，美国希望通过高质量的多边贸易以及投资协议，将中国排除在协议之外，重塑美国在湄公河地区的经济影响力，把湄公河地区纳入其在亚太

[1] Hidetaka Yoshimatsu, "The United States, China, and Geopolitics in the Mekong Region," *Asian Affairs: An American Review*, Vol. 42, No. 4, January 2015, pp. 173 - 194.

[2] The White House, "Weekly Address: Writing the Rules for a Global Economy," October 10, 2015, https://www.whitehouse.gov/the - press - office/2015/10/10/weekly - address - writing - rules - global - economy.

地区打造的新经济秩序的规则和制度中来。① 随着特朗普政府的上台，为了继续保持美国的经济优势，上台之初，美国宣布退出TPP，以多个双边贸易谈判取而代之。目前，特朗普将重新启动TPP 纳入考虑，试图将自己的市场资源、金融优势作为与其他国家谈判的筹码，让湄公河地区国家重新适应、跟随美国的新规则，主导该地区的经济合作。

第三节　安全动机

除了政治和经济动机之外，美国进行湄公河地区策略调整也是出于对美国安全和东南亚局势稳定的考虑。奥巴马政府认为，亚太地区的稳定有助于美国根本利益的实现。美国将在湄公河地区担任"平衡者"作为其维护东南亚地区，甚至整个亚太地区稳定的手段，并且试图通过建立湄公河地区的安全机制，从传统安全领域和非传统安全领域出发，借助热点问题领域介入，主导湄公河地区的安全格局。

一　在传统安全领域，增强美国在湄公河地区的军事存在

美国历来注重军事外交，通过军事合作交流和军事渗透来维护其全球主导地位和国家利益。在"亚太再平衡"战略的背景下，美国加大了对湄公河地区国家的军事外交力度。奥巴马政府通过与湄公河地区国家发展不同层次的军事和安全合作，

---

① Ministry of Foreign Affairs of Japan，"The East Asia Summit，" May 13, 2016, https：//www. mofa. go. jp/a_ o/rp/page3e_ 000588. html.

不断提高在东南亚国家的军事存在。增强军事存在的目的，一方面是以军事关系促进美国的多维安全利益，试图利用军事合作在湄公河地区打造"基于规则的安全网络"；另一方面是提升美国在湄公河地区盟友和伙伴国的军事能力，为美国的军事力量提供和平时期持续的基础设施。① 美国国防部长卡特就指出，美国通过展开与东盟及湄公河地区国家的军事合作来构建其在亚太地区的安全网络。② 在"转身亚洲"的六点行动方针中，美国将"强化双边安全联盟"放在第一位，同时辅以"打造有广泛基础的军事存在"。③ 注重强化双边军事同盟，增加在湄公河地区的军事部署。归纳起来，奥巴马政府增强在湄公河地区的军事存在，在传统安全领域主要通过下面两个路径：加强联合军事演习（包括两国之间的双边军事演习以及覆盖多国的多边联合军演）；提升军事援助和扩大军售规模。

首先，美国加强了同湄公河地区国家的军事演习。美国政府官员多次强调军事演习对美国增强军事存在的重要意义。④ 从

---

① U. S. Department of State, "Foreign Military Training and Engagement Activities of Interest," 2010 – 2011, http：//www. state. gov/t/pm/rls/rpt/fmtrpt/2011/ index. Htm.

② Ash Carter, "Asia – Pacific Security," *Foreign Affairs*, Vol. 95, No. 6, 2016, pp. 65 – 75.

③ 仇朝兵：《奥巴马时期美国的"印太战略"——基于美国大战略的考察》，《美国研究》2018 年第 1 期，第 37～69 页。

④ Sheldon Simon, "US – Southeast Asia Relations：Deep in South China Sea Diplomacy," *Comparative Connections：A Triannual E – Journal on East Asian Bilateral Relations*, November 2, 2011, https：//csis – prod. s3. amazonaws. com/s3fs – public/legacy_ files/files/publication/1102q. pdf.

2009 年到 2016 年，在湄公河地区举行的主要双边联合军演如下。一是美国与柬埔寨方面，2010 年 10 月美柬首次举行"卡拉特"军演，超过 1000 名士兵参加演习演练科目（涉及维和以及人道主义救援），同时美国军舰不定期与柬埔寨皇家海军举办联合军演，演练项目涉及海上救援、人道主义干预活动。2016 年 6 月美柬"太平洋守护"联合军演，关注人道主义救援。① 二是美国与老挝，虽然两国的联合军事演习很少，但是 2012 年的多边联合军事演习"太平洋守护"转到老挝举行。三是美国与缅甸，两国还没有开展大型的联合军事演习活动，但是 2013 年缅甸也首次派出观察员参加"金色眼镜蛇"大型联合军事演习。四是美国与泰国，美泰一年的军演数量达 50 多场，最为瞩目的是由美国主导、泰国主办的"金色眼镜蛇"多国联合军演。② 2011 年度的"金色眼镜蛇"联合军演有超过 17000 人参加。③ 五是美国与越南，美越两国的演习科目多集中在非战斗性演练。2010 年 8 月美舰"约翰·麦凯恩"号抵达岘港并参加美越首次海军演习，重点演

---

① U. S. Department of Defense，" U. S. Cambodian Forces Partner for Exercise Angkor Sentinel 2016，" May 16，2016，https：//www. defense. gov/News/Article/Article/695255/us – cambodian – forces – partner – for – exercise – angkor – sentinel – 2016/.

② 陈超：《评析奥巴马政府对东南亚国家的军事外交》，硕士学位论文，外交学院，2017。

③ Reuters，"Biggest U. S. Force in Years Joins Thai Military Exercise，" February 12，2018，https：//www. reuters. com/article/us – thailand – usa – military – drill/biggest – u – s – force – in – years – joins – thai – military – exercise – idUSKBN1FX0AQ.

练搜寻和灾害控制。2015 年 4 月美越两国海军在岘港外举行联合军演。[①] 在奥巴马政府时期，湄公河地区国家大多借助军事演习与美国构建了十分密切的军事关系，不论是军演强度还是军演频度都有了很大的提高，并且合作的机制化特征非常显著。

其次，在军事援助和军火贸易方面，美国希望通过其偏好选择受援助国和军队，增强对湄公河地区国家的影响力。结合军事售卖，为美国在湄公河地区的盟国和伙伴国提供支持，增强其军事能力，改变湄公河地区各国的军事力量对比。同时，借助军事售卖让美国的盟国以及伙伴国来分担成本（见表 2 - 2、表 2 - 3）。虽然奥巴马政府对柬埔寨、老挝、越南、缅甸有过军售记录，但是 2016 年美国政府已经全面解除了对越南的军事禁运，越南正在寻求向美国购买武器装备。

表 2 - 2　2009～2016 年美国针对湄公河地区国家对外军事援助支出

单位：千美元

年份	2009	2010	2011	2012	2013	2014	2015	2016
柬埔寨	1000	1000	748	800	475	500	—	—
老挝	—	—	—	—	—	288	200	200
缅甸	—	—	—	—	—	—	—	—
泰国	1600	1600	1568	1187	1424	—	—	—
越南	500	2000	1960	2315	9494	10000	10750	11900

资料来源：美国国际开发署，https：//www.state.gov/s/d/rm/rls/ebs/index.htm。

----

① The Diplomat, "US, Vietnam Boost Naval Cooperation with NEA 2016," October 2, 2016, https：//thediplomat.com/2016/10/us - vietnam - boost - naval - co-operation - with - nea - 2016/.

表 2 - 3　2009 ~ 2016 年美国针对湄公河地区国家的军售情况

单位：千美元

年份	2009	2010	2011	2012	2013	2014	2015	2016
柬埔寨								
老挝								
缅甸								
泰国	4	1	50	21	54	32	27	46
越南								

注：美国官方网站只公布了对泰国的军售情况。

资料来源：美国国务院（Foreign Military Financing Account Summary），https：//2009 - 2017. state. gov/t/pm/ppa/sat/c14560. htm。

二　在非传统安全领域，提升湄公河地区国家对美国的依赖

东南亚地区传统安全形势比较平稳，但是面临跨国非传统安全活动带来的严重挑战。由于湄公河地区国家往往缺乏强大的应急能力，因此对外部在非传统安全领域方面介入有着强烈的需求。美国通过在该地区开展积极应对人道主义救援以及赈灾在内的非传统安全活动，赢得湄公河地区国家的广泛认可。这不仅有利于湄公河地区国家与美国双边的军事关系甚至两国整体关系的发展，而且会提升湄公河地区国家在国家和地区的安全和稳定方面维护的依赖性。2013 年，兰德中心（RAND Arroyo Center）发布的报告中就明确将"加强美国人道主义救援行动""为解决跨国非传统安全问题提供援助"列入美国塑造东南亚安全环境的途径。[1] 而美军太平洋司令部则将其强大的人道主义救援能力当作

---

[1]　Peter Chalk, "The U. S. Army in Southeast Asia: Near - Term and Long - Term Roles," Washington, D. C.: RAND Arroyo Center, 2013, p. 4.

军事外交的方式之一。① 在这样的背景下，在非传统安全领域，美国与湄公河地区国家的合作日益深入。在打击海盗方面，2012年奥巴马总统宣布，美国打算加入亚洲打击海盗和武装抢劫船只的区域合作协议（ReCAAP），这是首个政府间协议，旨在促进和加强在亚洲打击海盗和武装抢劫的合作。②

奥巴马政府在同柬埔寨、越南、缅甸等国开展军事外交的最初阶段，都将人道主义援助与赈灾项目（HADR）作为主要合作项目，以此打消各方的疑虑。在提升湄公河地区各国对美国依赖的同时，与湄公河地区国家发展更深层次的军事关系。③ 在这样的背景下，一些湄公河地区国家主动接受甚至支持美国扩大在当地的军事存在，期望美国为亚太地区的和平与繁荣提供更多的安全保障与政经支持，甚至主动与美国加强军事政治合作，认为美国能帮助解决不断滋生的非传统安全威胁，遏制各国之间的军备竞赛，有利于维护湄公河地区的安全秩序。④

---

① Sheldon Simon，"US – Southeast Asia Relations：Deep in South China Sea Diplomacy，" *Comparative Connections*，September 7，2011，http：//cc. csis. org/relations/us – southeast – asia/.

② The White House，"Fact Sheet：East Asia Summit Outcomes，" November 21，2012，https：//obamawhitehouse. archives. gov/the – press – office/2012/11/21/fact – sheet – east – asia – summit – outcomes.

③ Sheldon Simon，"US – Southeast Asia Relations：South China Sea Wariness，" *Comparative Connections*，May 1，2015，https：//csisprod. s3. amazonaws. com/s3fs – public/legacy_ files/files/publication/1501q. pdf.

④ 郑迎平：《美国亚太安全战略新优势及对中国周边安全的影响》，《太平洋学报》2004 年第 2 期，第 56 ~ 63 页。

三 借助热点问题领域插手，维持对该地区事务的主导权

湄公河地区地缘战略位置十分重要，美国通过插手地区热点问题，例如南海争端、缅甸民主转型等，一方面希望恶化中国在湄公河地区的安全环境，离间中国与湄公河地区一些国家的关系，增大中国在东盟推进"一带一路"建设的压力；另一方面希望可以借机干涉相关国家的事务，改变别国立场，极力强化美国对湄公河地区的控制能力，主导该地区秩序为其国家安全战略服务。

在南海争端上，"美国的南海政策变得强硬，与美国将其战略重心转向亚太地区同时发生"。[1] 美国从中立到积极介入南海问题，借国际航行自由之名，借助南海争端问题拉拢湄公河地区部分南海主权声索国，试图造成中国外交困境，以此打压中国在东南亚的影响力和在解决南海问题上的主导权。美国进一步强化其在地区安全事务中的主导权。而在缅甸民主转型进程中，以美国为首的西方国家政府和 NGO 在过去 20 多年培养了一批在感情和立场上亲西方、信奉西方价值观的缅甸精英，然后利用这些懂得英文的所谓精英成立了诸多的 NGO，进而利用这些 NGO 炮制了大量反华和反军政府的言论与研究报告，举办了一系列反华活动，严重影响了中缅关系以及中国在缅甸的投资。美国以此为契机，插手缅甸民主转型，致使缅甸民众对美国的好感度甚至高于中国。

---

[1] 周琪：《"再平衡"战略下美国亚太战略的目标与手段》，中国社会科学出版社，2018，第 337 页。

第三章

美国政府调整对湄公河地区策略的路径

为了增强在湄公河地区的影响力，全面主导在该地区的各项事务，实现湄公河地区策略调整的战略目标，美国一方面通过重点增强在湄公河地区的制度建设、多领域同湄公河委员会展开合作、全面主导"湄公河下游倡议"、定期举行"美国与湄公河下游四国外长会议"、牵头组建"湄公河下游之友"等方式建立美湄合作机制，实现对湄公河地区国家的承诺；另一方面，改善同湄公河地区国家的关系，在同湄公河地区国家展开频繁高层互动的同时，辅之以对该地区安全保障的承诺，同时结合多领域的经济援助，以获取在湄公河地区相关事务中的支持。

第一节　推进与改善同湄公河各国关系

在以往的美国对湄公河地区策略的实践中，有时会出现外交、经济和安全相互脱节，各部门自行其是的情况，这使得美国湄公河地区策略的效果大打折扣。奥巴马政府的湄公河地区策略在设计和实施上注重政治、经济和安全的配套。近年来，美国与湄公河地区国家的双边关系取得了重大进展。美国推进同湄公河各国关系发展的路径，除了通过频繁的高层交往与互动来改善和湄公河各国的关系之外，还注重给予相关国家安全保障承诺，同时结合多领域的经济援助，增强湄公河地区国家对美国的依赖。

一 政治层面：高层交往频繁

美国对湄公河地区策略的调整，致使美国与湄公河地区国家在高层互动中取得了一些标志性、突破性的变化。一方面，奥巴马政府在多边高层对话上取得了很大的进展。2009 年奥巴马刚上任，就举行了首届"美国—东盟峰会"，在峰会上，奥巴马与湄公河地区的几位领导人都进行了会面。10 月 30 日，国务卿克林顿与来自越南、泰国、老挝和柬埔寨的外长举行会谈，这是自2009 年 7 月以来美国与湄公河地区国家讨论在卫生、环境、教育和基础设施建设方面的区域合作。2011 年 12 月，在柬埔寨首都金边召开东亚峰会期间，美国总统与湄公河地区国家，即缅、老、泰、柬、越五国领导人举行多边元首会晤。这也是美国调整其对湄公河地区策略后，美湄联合举办的最高级别会议，对于消除彼此误解、深化合作具有重要意义。[①]

①　Lower Mekong Initiative, "President Obama Meets with Lower Mekong Initiative Leaders," November 20, 2012, http: / / www. lowermekong. org / Partners.

另一方面，从 2009 年开始，美国频繁同湄公河地区国家进行双边高层对话。① 一是美国与柬埔寨，2009 年两国防长会晤，2010 年 10 月，希拉里出访柬埔寨，并在金边会见了柬埔寨国王西哈莫尼、首相洪森，这是美国国务卿七年以来首次访问柬埔寨。2012 年 11 月，美国总统奥巴马出访柬埔寨，是美柬关系史上首次到访柬埔寨的美国在职总统。二是美国与老挝，2010 年 7 月老挝外长访美，这是自 1975 年以来老挝首次访问美国。而在 2012 年 7 月，美国前国务卿希拉里·克林顿先后访问越南、老挝、柬埔寨三国，这也是美国国务卿近 60 年来首次到访老挝，成为美老关系的新起点。2016 年成为美老关系史上最为重要的一年，一方面是美国国务卿克里多次到访老挝，另一方面是美国总统奥巴马于 9 月 6 日访问老挝，成为历史上第一位访问越南的美国总统，并在访问期间宣布两国正式建立"全面伙伴关系"，美老关系进入历史新阶段。三是美国与缅甸，虽然美国与缅甸缺乏机制性的对话，但是在奥巴马政府时期，两国访问的层级不断提高，领导人之间的互访具有突破性的历史意义。2011 年 11 月 30 日，美国国务卿希拉里到访缅甸，这是 50 年来美国访问缅甸的最高政府官员。2012 年，奥巴马到访缅甸，成为首位到访缅甸的美国总统。2013 年吴登盛访问美国，这也是 1966 年以来缅甸领导人首次访美。两国领导人实现互访，美国政府长期以来针对缅甸

---

① 美国与湄公河流域国家的双边高层对话资料整理自 Sheldon Simon 教授为 CSIS 撰写的《美国 - 东南亚关系报告》（2009 年 4 月 ~ 2017 年 1 月），http：//www.csis.org/；同时参考了陈超《评析奥巴马政府对东南亚国家的军事外交》（硕士学位论文，外交学院，2017）整理的相关内容作为补充。

军政府的众多制裁被解除。2014 年 4 月，两国防长在"美国—东盟防务论坛"机制下举行会晤。2015 年 11 月，缅甸民盟政府赢得大选，美国将民盟的胜利视为对缅政策的功绩。四是美国与泰国，在湄公河地区，美国注重巩固与盟友泰国的关系，两国军方会晤频繁。2012 年 6 月美泰举行战略对话，10 月美泰举行防务战略对话，11 月美国防部长帕内塔和总统奥巴马接连到访泰国，对强化两国同盟关系发挥了重要作用。2013 年 5 月，泰国外交部长到访美国，就双边安全合作展开重点讨论。2015 年 12 月，第五届美泰战略对话在泰国召开，美国助理国务卿拉塞尔出席并主持本次会议。五是美国与越南，美国力图将越南发展为在该地区新的战略支点，因此，美越关系发展迅速，两国党政军会晤颇为频繁，两国机制性对话取得突破。首先，2012 年，美国国防部长帕内塔访问越南，并到金兰湾参观，这是自越南战争结束以来美国军方高层首次到访。其次，2013 年 7 月，越南国家主席张晋创到访美国，并宣布两国正式建立"全面伙伴关系"（见表 3 - 1）。再次，2015 年 3 月，美国国务卿克里访问越南，两国签订《共同愿景声明》，为两国未来关系发展指明方向。最后，2016 年 5 月，美国总统奥巴马到访越南，正式宣布解除针对越南的全面军事禁运。2016 年 10 月，越南共产党中央书记处书记丁世兄访问美国，两国关系不断深化（见表3 - 2）。①

---

① 《越南政府总理阮晋勇圆满结束出席东盟—美国领导人特别峰会之行》，越南人民报网，2016 年 2 月 17 日，http：//cn.nhandan.org.vn/asean/item/3873301.html。

表 3 - 1　美国与湄公河地区国家之间关系公开定位

国家	与美国的关系定位	年份
泰国	条约同盟国	1954
	美泰防务联盟共同愿景声明	2012
越南	全面伙伴关系	2015
缅甸	贸易与投资框架协议	2013

资料来源：根据各国政府新闻网站资料整理。

表 3 - 2　2000 年以来美国与湄公河地区国家领导人互访级别和次数

国家	与美国领导人互访的级别和次数			
	访美		美访	
	领导人级别（最高）	访问次数	领导人级别（最高）	访问次数
泰国	总理	1 次	总统	3 次
越南	主席/总理/越共中央总书记	6 次[a]	总统	3 次[b]
柬埔寨	首相	1 次	总统	1 次
缅甸	总统	1 次	总统	1 次
老挝	副总理兼外长	1 次	国务卿	1 次

注：[a] 2007 年 6 月，越南国家主席阮明哲访美；2013 年，越南国家主席张晋创访美。除此之外，2005 年、2008 年和 2010 年，越南总理潘文凯和阮晋勇分别访美，2016 年 7 月，越共中央总书记阮富仲访美，开创了历史上越南共产党最高领导人访问美国的先例。

[b] 分别为 2000 年克林顿总统访问越南、2006 年小布什总统访问越南，以及 2016 年奥巴马总统访问越南。

资料来源：根据各国政府新闻网站资料自制。

二　经济层面：多领域实施援助

在经济层面，近年来，美国对湄公河地区多领域实施援助，援助水平逐步提升。一方面，美国对湄公河地区的援助力度增大、援助效率提高；另一方面，援助领域不断拓展，除了经济援助之外，美国政府还强调对湄公河地区国家进行智力支持。

首先，美国对湄公河地区的援助力度增大、援助效率提高。2009 年 7 月，东盟外长会议在泰国曼谷召开，美国国务卿希拉里率团参加，并同泰国、缅甸、柬埔寨、老挝和越南五国召开第一届"美国与湄公河下游四国外长会议"，建议成立"湄公河下游倡议"机制。同时，希拉里承诺从当年美国国家预算中设立专款用于支持湄公河流域的开发。随后，美国对湄公河地区的投入不断扩大。克林顿国务卿在金边宣布的 APSEI 中，美国则实质性地增加其对湄公河地区的经济援助，APSEI 是一个新的综合援助框架，致力于当前紧迫的双边和跨国问题，并使美国及其合作伙伴在我们共同的未来中保持区域稳定，支持包容性的区域经济。作为该倡议的一部分，美国为"湄公河下游倡议"的新援助项目提供 5000 万美元。①

同时，美国在致力于与湄公河地区长期发展下，推出了"LMI 2020"项目。在对湄公河地区国家提供双边援助的同时，支持 LMI 协调中心、妇女领导网络、控制和预防疟疾、为环境和互联互通项目提供新资金。从 2010 年到 2015 年，美国对东南亚的发展援助达到了 40 亿美元。② 除了美国本身对湄公河地区的援助之外，美国还通过"湄公河下游之友"的合作伙伴，对湄公河

---

① Fact Sheet, "Asia – Pacific Strategic Engagement Initiative," July 13, 2012, https://www.lowermekong.org/news/fact – sheet – asia – pacific – strategic – engagement – initiative.

② 《美国协助东盟实现东盟经济共同体经济一体化进程中的各项目标》，越南人民报网，2016 年 8 月 5 日，http://cn.nhandan.org.vn/international/international_news/item/4337801。

地区进行援助。在第二次"湄公河下游之友"部长会议上，日本
宣布将在 2013～2015 年向湄公河地区国家提供 6000 亿日元的资
金援助。① 在"湄公河下游之友"的第二次部长会议中，各国部
长强调了在湄公河下游区域各自的援助和活动范围，并强调合作
伙伴间的湄公河下游国家密切合作的重要性。通过提高效率、调
动资源，支持湄公河地区援助方案的包容性，全方位提升对湄公
河地区的援助水平，促进湄公河地区的发展。②

其次，援助领域不断拓展。当前，美国国务院与美国地质调
查局是参与湄公河流域开发的主要机构。同时，美国疾控和预防
中心、国际开发署等部门也积极地参与到"湄公河下游倡议"机
制建设中，以保证美国在该领域的持续投入。③ 除了提供经济援
助以外，美国还注重促进该地区的基础设施建设、人才培养，在
多领域全面提升美国在该地区的援助水平。④

一是教育援助方面，根据"湄公河下游倡议"2010/2011 年
的进展情况统计，美国 2011 年在湄公河下游地区的教育援助总额

---

① 《美日向湄公河下游国家提供援助》，中华人民共和国驻柬埔寨王国大使馆
　经济商务参赞处，http：//cb. mofcom. gov. cn/article/jmxw/jbqk/201207/
　20120708232787. shtml。

② Lower Mekong Initiative ，"Statement of the Second Friends of the Lower Mekong
　Ministerial Meeting，" July 13，2012，https：//www. lowermekong. org/news/
　statement – second – friends – lower – mekong – ministerial – meeting.

③ 屠酥：《美国与湄公河开发计划探研》，《武汉大学学报》（人文科学版）
　2013 年第 2 期，第 122～129 页。

④ Richard Cronin，" Water Security and Water Resource Management in Southeast
　Asia，" *Hampton RoadsInternational Security Quaterly*，Vol. 23，No. 2，October
　1，2010，pp. 99 – 109.

将超过 325 万美元。对于湄公河地区的学校援助而言，美国的援助包括每年通过富布赖特项目和其他教育项目向湄公河地区国家的 500 多名学生和学术交流提供支持。① 此外，美国国际开发署（USAID）在 2016 年 3 月 25 日就宣布与湄公河下游子区 12 所著名大学和职业院校的新型伙伴关系。在美国国际开发署最近对湄公河下游国家的雇主进行的一项研究中，超过 71% 的人表示，他们目前正在招聘新员工以扩大业务，通过进行职业技能培训，帮助教师有效地为学生提供未来劳动力市场需求的知识。② 通过培训项目，使湄公河地区的教师和学生能够跟上当今数字世界要求的新技能的需求。在相关工作者和领导人的教育援助上，实行"'湄公河下游倡议'特殊用途英语计划"。美国派遣英语语言研究员向在环境、公共卫生和基础设施方面工作的湄公河下游合作伙伴国家的专业人员、专家和政府官员教授技术英语。③ 美国国务院为 LMI 伙伴国家的三个国家提供奖学金，以帮助培训领导人更好地用英语交流，更有效地与他们的区域和国际伙伴合作。

二是环境和水资源援助方面，美国 2011 年在湄公河下游地区

---

① Lower Mekong Initiative , " USAID Comet Announces Partnership with Universities, Industry, for Better Job Skills in Lower Mekong," Aprl 4, 2016, https: //www. lowermekong. org/news/usaid – comet – announces – partnership – universities – industry – better – job – skills – lower – mekong.

② USAID, "Connecting the Mekong Through Educalion and Training", http: //ww. edc. org/usaid – lim – comet; USAID, "Lower Mekong Initiative (LMI) ," http: //www. usaid. gov/asia – regional/lower – mekong – initiative – lmi.

③ Lower Mekong Initiative , "Fact Sheet: Lower Mekong Initiative Progress," July 22, 2011, http: //www. state. gov/r/pa/prs/ps/2011/07/168944. htm.

投资 6900 万美元,[①] 推行了预测湄公河项目、密西西比河委员会—湄公河委员会交流项目、生态—亚洲水与治理计划,通过湄公河下游流域水资源开发的规划方法等。在第十次"湄公河下游倡议"部长级会议上,美国国务卿雷克斯·蒂勒森提出湄公河水资源数据倡议,在水资源数据采集、情报互换等方面向湄公河地区国家提供支持,为湄公河水资源可持续管理提供服务。[②]

三是卫生系统援助方面,美国对湄公河地区国家的援助包括三方面:(1)对新出现的流行病威胁项目,快速检测和应对湄公河下游国家的传染病;(2)补充卫生项目,研究和发起对传染病的跨境反应的伙伴关系;(3)建立一个湄公河地区的区域网络来检测耐药性疟疾,给予湄公河地区国家在打击假药上的技术与资金支持,并加大对用于疟疾、结核病、禽流感等传染性疾病的药品质量的监管力度。此外,美国还在湄公河地区设立大流行威胁工作坊,重点确定大流行防备和反应的资源需求、传播策略和反应机制。美国每年为 200 多万人提供治疗和预防服务,以准备和应对来自湄公河地区大流行性流感的威胁。同时,帮助支持湄公河地区国家在湄公河地区追踪、识别和治疗耐多药疟疾和结核病。[③]

---

① Food and Agriculture Organization of The United States, "Mekong Basin," http://www.fao.org/nr/water/aquastat/basins/mekong/index.stm.

② 《美国提出可持续管理湄公河水资源的倡议》,越南人民报网,2017 年 8 月 7 日,http://cn.nhandan.org.vn/asean/item/5325401。

③ U. S Department of States (Diplomacy In Action), "Lower Mekong Initiative," https://www.state.gov/p/eap/mekong/.

四是企业援助方面，美国利用先进科技、现代生产系统及全球企业网络等优势，加强了与湄公河地区国家的合作并协助东盟建设共同体，发展中小型企业、数字经济、高科技、清洁能源，弘扬经营、创业及创新精神。

三　安全层面：给予安全保障承诺

在安全层面，美国注重对湄公河地区国家的安全保障承诺。由于湄公河地区国家往往缺乏强大的应急能力，因此对外部在安全领域方面介入有着强烈的需求。美国通过在传统安全和非传统安全领域介入该地区的安全事务，注重对湄公河地区国家的安全承诺，以此赢得湄公河地区国家的广泛认可，这不仅有利于湄公河地区国家与美国双边的军事关系甚至两国整体关系的发展，而且会提升湄公河地区国家在国家和地区安全和稳定方面维护的依赖性（见表 3 - 3）。

表 3 - 3　2013 年美国驻湄公河地区国家人员构成

单位：人

国家	驻扎总数	军事人员总数	陆军	海军	海军陆战队	空军	其他
缅甸	3	3	3	0	0	0	0
柬埔寨	17	8	4	4	0	0	9
老挝	7	7	3	1	0	3	0
泰国	337	252	41	10	175	26	85
越南	26	12	5	5	1	1	14

资料来源：Defense Manpower Date Center on January 30, 2014。

一是巩固与泰国军事盟友关系，强调共同安全。2012 年 11 月 15 日，《2012 年泰美防务联盟共同愿景声明》由美泰两国国防部长签署，并就未来美泰军事合作指明四大领域，重申双方军事同盟关系，将美泰军事合作提高到一个新的层面。[①] 在 2017 年 10 月 2 日发布的《美利坚合众国与泰王国联合声明》中，美泰在安全层面强调的主要内容为加强联盟以实现共同安全。[②]

二是重点加强与越南的军事合作，在非传统安全领域取得重大进展。2011 年 9 月，美国与越南签署《推进双边防务合作谅解备忘录》，就海上安全、搜救、联合国维和行动、人道主义救援、国防院校和科研机构交流五大领域达成合作共识，并致力于优先推进。[③] 2015 年 6 月 1 日，美国国防部长阿什顿·卡特与越南国防部长冯光青签署《国防关系联合愿景声明》，重点关注人道主义合作、战争遗留问题、海上安全、维和以及人道主义援助和救灾。

三是提升军事援助水平，不断加强与缅、老、柬三国的军事合作关系。美国和柬埔寨两国定期进行"卡拉特""吴哥哨兵"等联合军事演习，并在反恐合作领域加大演习力度。美国通过"国际军事教育与训练"（IMET）和"对外军事融资"（FMF）项目在该地区进行渗透和拉拢。通过 IMET 项目，美国对老挝、柬

---

① "2012 Joint Vision Statement for the Thai – U. S. Defense Alliance A 21st Century Security Partnership," November 15, 2012, https：//www. globalsecurity. org/ military/library/news/2012/11/mil – 121115 – dod01. htm.

② The White House, "Joint Statement between the United States of America and the Kingdom of ThailandStronger Alliance for Common Security and Closer Economic Partnership for Common Prosperity," October 2, 2017, https：//th. usembassy. gov/ joint – statement – united – states – america – kingdom – thailand/.

③ 信强：《美越安全合作的发展及其影响因素》，《国际问题研究》2014 年第 6 期，第 62 页。

埔寨的军事援助分别由 2009 财年的 10.7 万美元和 10.6 万美元增至 2014 年财年的 40 万美元和 45 万美元。① 并且在 2013 年，缅军方获邀以观察员的身份参加美泰两国联合举办的"金色眼镜蛇"军事演习活动，成为美缅军事合作的重要转折点。同时，美军方官员多次访问缅甸，并与缅军进行人权等方面的交流和培训。此外，2016 年 9 月 6 日，美国与老挝发布《美利坚合众国与老挝人民民主共和国联合声明》，双方领导人证实将通过年度双边防务对话和相关工作组继续在防务和安全方面进行合作。②

第二节 加强在湄公河地区的制度建设

制度建设在奥巴马政府湄公河地区策略调整中占据重要地位。美国通过不断加强与湄公河委员会的机制合作以及"湄公河下游倡议""美国与湄公河下游四国外长会议""湄公河下游之家"等机制的建设，提升了美湄合作的制度化水平。基于美湄合作制度建设的多边平台，始终坚持以发展为导向，在巩固与盟友关系的同时扩展新的合作伙伴，进而化解湄公河地区国家对美国介入该地区事务的疑虑，提升并强化其在该地区的影响力。

① USAID, "U. S. Foreign Aid by Country – Laos," https：//explorer. usaid. gov/cd/LAO？fiscal_ year = 2017&measure = Obligations.

② The White House, "Joint Declaration between the United States of America and the Lao People's Democratic Republic," September 6, 2016, https：//obamawhitehouse. archives. gov/the – press – office/2016/09/06/joint – declaration – between – united – states – america – and – lao – peoples.

一　高度重视与湄公河委员会的合作

湄公河委员会是唯一与柬埔寨、老挝、泰国和越南政府直接合作，共同管理共享水资源和湄公河流域可持续发展的政府间组织，1957 年在美国主导下成立，美国与湄公河委员会的合作也随之成为美湄关系之中的重中之重。在美国的湄公河地区政策中，湄公河委员会扮演着无可取代的角色。奥巴马政府时期，美国加快了重回湄公河流域的步伐，加强与湄公河委员会的接触。

首先，美湄高层官员往来密切，就彼此所关心的湄公河流域开发与保护、美湄强化合作等问题进行了多次会谈。在美国和湄公河下游国家部长级会议上，希拉里不断强调湄公河委员会对美国具有重要意义，希望不断加强湄公河委员会与密西西比河委员会的务实合作。① 2009 年 7 月，美国国务卿希拉里出席在泰国召开的东盟外长扩大会议，并代表美国政府签署《东南亚友好合作条约》。会后，美国与泰、柬、老、越四国外长举行会谈，就建立美国与湄公河地区国家间新合作框架进行磋商并取得共识。美国通过"美湄合作"新框架，强化彼此在生态环保、卫生安全与教育三大领域的务实合作。2010 年 5 月，密西西比河委员会与湄公河委员会签署了一项合作协议，就确保两河流域的可持续发展、有效预防未来灾害等问题达成合作共识。该协议强调两大

---

① 李志斐：《湄公河水域争端对中国周边安全环境的影响》，《中国周边安全环境评估（2010）》，2011，转引自中国亚太研究网，http：//iaps.cass.cn/news/157228.htm。

委员会加强在湄公河流域环境问题上的合作，加大对当地民众医疗与教育资源的投入，并对湄公河进行适当、科学的开发，以造福湄公河地区国家民众。在 2010 年 7 月召开的湄公河委员会非正式捐赠会议上，湄委会表示将推动缅甸成为湄委会成员国。如果缅甸正式加入湄公河委员会，美国与新湄公河委员会的合作将会涵盖所有湄公河下游国家。[1]

其次，给予湄公河委员会直接的经济援助。2012 年 7 月的第五届 LMI 会议上，美国宣布三年内提供 100 万美元用于支持 MRC 关于湄公河可持续管理和开发的研究以及 200 万美元的赠款以支持 MRC 的渔业程序。[2] 同时，美国政府已经提供了财政支持，以提高湄公河委员会秘书处、河岸政府渔业机构改善可持续渔业管理的能力。

最后，推动湄公河委员会同密西西比河委员会的合作。在美国国务院和由柬埔寨、老挝、泰国和越南组成的两个委员会共同努力下，2010 年 5 月 12 日，湄公河和密西西比河两河管理委员会签署了一份谅解备忘录（MOU），以建立湄公河委员会和密西西比河委员会之间的第一个伙伴关系，即湄公河—密西西比河"姐妹河"合作关系。湄委会秘书处首席执行官杰里米·伯德即认为，"湄公河委员会和密西西比河委员会的原则和任务非常相

① 尹君：《冷战后美国与湄公河流域国家关系的发展、动因及影响研究》，博士学位论文，云南大学，2015。

② Hidetaka Yoshimatsu, "The United States, China, and Geopolitics in the Mekong Region," *Asian Affairs*: *An American Review*, Vol. 42, No. 4, January 2015, pp. 173 – 194.

似，因此，这两个组织都可以通过技术交流互相帮助，并学习如何最好地管理各自复杂的跨界河流"。① 环境和水一直是美国对湄公河地区承诺的关键领域，而在湄公河—密西西比河伙伴项目中，美国将重点分享有关河流系统如何适应气候变化、水资源管理、洪水和干旱、水力发电、用水需求管理、航行改善、粮食安全、鱼类通道、湿地恢复和水质维持等方面的知识和经验。项目旨在加强同湄公河地区国家在水旱灾害管理、水供应、食品安全和水力发电等领域的经验交流，通过促进研究、改善水资源开发，以及促进更经济、高效和环保的水资源工程系统，来提高湄公河地区国家的公共安全和社区福利。美国密西西比河委员会主席迈克尔·沃尔什（Michael J. Walsh）说："我们将在水资源开发和管理领域进行合作，分享现有的技术经验和经验教训，我们还将探讨如何在共同关心的水项目上进行合作。"②

二　全面主导湄公河下游倡议

2009 年，美国与湄公河地区国家召开第一届"美国—湄公河下游国家部长会议"，正式启动 LMI。LMI 是一个跨国伙伴合作机制，包括柬埔寨、老挝、缅甸、泰国、越南和美国，旨在整合美

① CGIAR, "Jeremy Bird – CEO of the Mekong River Commission," https：//wle. cgiar. org/content/jeremy – bird.

② Lower Mekong Initiative , "Mississippi River Commission Agreement Creates Unique Partnership a World Apart ," July 14, 2010, https：//www. lowermekong. org/news/mississippi – river – commission – agreement – creates – unique – partnership – world – apart.

国与湄公河地区国家之间的各项合作。湄公河下游倡议的目标包括如下三方面。一是通过区域能力建设促进可持续增长，建立对话平台会。二是通过建立机构促进湄公河地区人民以及美国之间的联系，加强区域连通性。三是与湄公河下游国家和国际捐助者合作，为重大区域挑战寻找解决方案，重点关注水、能源和粮食安全关系，性别平等和赋予妇女权力。而对于美国而言，LMI 成立的主要目的是让美国更深地介入湄公河流域合作开发进程。目前湄公河下游倡议包括六个支柱，负责管理属于各自领域的政策和计划活动，每个支柱都由湄公河下游国家和美国共同主持。第一，环境与水领域，由越南和美国共同主持；第二，卫生领域，由柬埔寨和美国共同主持；第三，农业领域，由缅甸和美国共同主持；第四，连通性领域，由老挝和美国共同主持；第五，教育领域，由泰国和美国共同主持；第六，能源安全领域，由泰国和美国共同主持。[1]

LMI 作为一个平台来解决在下湄公河次区域复杂的跨国发展和政策挑战。[2] 自美国发起"湄公河下游倡议"以来，每年都举行高官会议。[3]在 2012 年 7 月第五届湄公河下游部长级会议上，

---

[1] Lower Mekong Initiative, "The Lower Mekong Initiative（LMI），" August 8, 2017, https：//www. lowermekong. org/about/lower - mekong - initiative - lmi.

[2] Lower Mekong Initiative, "The Lower Mekong Initiative（LMI）", August8, 2017, https：//www. lowermekong. org/about/lower - mekong - initiative - lmi.

[3] 美国国务院发言人办公室简报：《湄公河下游倡议 2010/2011 年进展情况》，2011 年 7 月 22 日，http：//iipdigital. usembassy. gov/st/chinese/texttrans/2011/07/20110722155538x0. 3225628. html#axzz3Mhu3Gz7。

缅甸成为"湄公河下游倡议"第六个成员国。① 至此，美国发起并主导的"湄公河下游倡议"已经完全包括了湄公河流域的五个国家：泰国、缅甸、老挝、柬埔寨和越南。② 2012 年 7 月的第五届湄公河下游部长级会议上，克林顿宣布了一项计划，即在一个称为亚太战略参与倡议（APSEI）的新的综合区域平台中，将多年的"2020 年湄公河下游倡议"置于一个引入双边和跨国问题的新的综合区域平台之中。APSEI 侧重于地区安全合作、民主发展、跨国威胁和经济一体化等关键领域。克林顿政府三年来投入 5000万美元，以补充和扩大现有的努力，以增强区域应对特定跨境挑战的能力。2015 年 4 月，美国在"湄公河下游倡议行动计划（2016—2020 年）"中扩大与湄公河地区国家在环境、教育、基础设施建设等领域的合作。③

三　美国与湄公河下游四国外长会议

当前，美国与湄公河下游四国外长会议已经成为美国与湄公河地区国家之间最重要的双边援助渠道与合作机制。自 2009 年起，美国与湄公河下游四国外长会议已举行了五届，其域外成员还有日本、澳

---

① The White House Office of the Press Secretary, "Joint Statement of the 4th ASEAN – U. S. Leaders' Meeting," *For Immediate Release*, November 20, 2012, https: //www. whitehouse. gov/the – press – office/2012/11/20/joint – statement – 4th – asean – us – leaders – meeting.

② 根据 Lower Mekong Initiative 网站整理，http: //lowermekong. org/。

③ Lower Mekong Initiative , "Lower Mekong Initiative – Master Plan of Action 2016 – 2020," https: //www. lowermekong. org/about/lower – mekong – initiative – master – plan – action – 2016 – 2020.

大利亚、新西兰、韩国和欧盟。美国与湄公河下游四国外长会议已经具备定期化、机制化的特征，成为美湄双边策略沟通、强化合作的重要支撑平台。2017 年 8 月 6 日，柬埔寨、老挝和泰国的外交部长，越南副总理，缅甸外交部长，美国国务卿和秘书长参加在马尼拉举行第十届湄公河下游倡议部长级会议。会议结束后，六国发表了《湄公河下游倡议第十次部长级会议联合声明》，声明的主要内容包括以下几点。首先，肯定对 LMI 作为下湄南次区域经济一体化和可持续发展的主要驱动力的承诺，承诺继续为东南亚的和平、稳定与繁荣进行合作。其次，六国应该加倍努力，最有效地推进区域优先事项并成功实施 LMI 2016 ～2020 年行动计划。再次，通过伙伴关系，美国承诺与湄公河下游之友进一步开展实际合作，并与 LMI 成员进行更加统一和可持续的接触。最后，在即将召开的老挝区域工作组会议上继续讨论 LMI 支柱的重组问题，并承诺共同努力提高效率，反映次区域不断变化的优先事项，并设计一个注重结果的方式。[①] 2018 年 8 月 3 日，第十一届湄公河下游倡议部长级会议在新加坡举行，美国国务卿蓬佩奥作为本次 LMI 外长会议主席，一方面再次表明了美国及其伙伴国对 LMI 的承诺，另一方面再次强调 LMI 对湄公河下游区域的互联互通、经济一体化、可持续发展和良好治理的关键驱动力的重要性。[②]

---

① U. S. Departmentof State, "10th Ministerial Meeting of the Lower Mekong Initiative: Joint Statement," August 26, 2017, https://www.state.gov/r/pa/prs/ps/2017/08/273215.htm.

② U. S. Department of State, "Joint Statement on the Eleventh Ministerial Meeting of the Lower Mekong Initiative," August 4, 2018, https://www.state.gov/r/pa/prs/ps/2018/08/284928.htm.

四　牵头组建湄公河下游之友

2010 年，"湄公河下游之友"正式组建，其成员国除了湄公河地区五国外，美国还将其日、韩、澳等军事盟友纳入其中，以增强其在机制建设中的话语权。2012 年 7 月，美国国务卿希拉里在第二届"湄公河下游之友"会议上提议创立与湄公河地区国家合作的双层结构：一是伙伴国、援助组织、NGO 和多边发展机构提升在信息共享方面的合作，并兑现各自的援助承诺；二是继续加强高官对话，就人类所面临的共同挑战进行协商，探讨应对之策。2015 年举行的"湄公河下游之友"会议主题是湄公河下游地区的水资源、能源需求、食品安全。参与会议的组织和国家大大扩展，包括湄委会、亚洲开发银行、世界银行、欧盟和澳大利亚、丹麦、芬兰、德国、日本、韩国、荷兰、瑞典。[①] 2018 年，第 11 届"湄公河下游之友"会议在缅甸首都内比都召开，会议聚焦于卫生安全、基础设施建设、农业开发、教育合作、水资源等问题，并就未来合作方向达成一系列共识。

当前，美国在美湄合作的制度建设与发展中始终占据主导地位。虽然各大机制在建设目的、问题领域、功能治理和会议时间等问题上高度"重叠"，但是对形成机制"合力"、扩大美国影响力极为重要。"美湄合作"的制度化建设，表明美国对湄公河地区事务的重视程度不断提高，一改过去过于重视海岛国家的"战

---

① Lower Mekong Initiative, "Meeting of the Friends of the Lower Mekong," http://lowermekong.org/news/meeting-friends-lower-mekong.

略失衡"状态。通过多途径、多层次、多领域的机制化合作，美国在湄公河地区的战略布局得到完善，湄公河地区进而成为制衡中国的战略前沿，不仅扩展了美国在亚太地区的战略空间，也有助于加强和改善美国同整个东盟的关系，在某些程度上，甚至对美国总体的亚太战略推进产生了深远的影响。

第三节　加大对湄公河地区的软实力输出

为了增强美国在国际社会的"存在感""好感度"，实现美国公共外交的首要目标，奥巴马政府重点关注对湄公河地区国家的软实力输出。奥巴马政府正式提出"巧实力"的概念，在进行软实力输出的时候更加注意方式和效果，更强调用"柔性"的手段。在此基础上，增强美国价值观的宣传，改善和重塑美国形象。同时，干预相关国家的制度选择，输出民主，加深当地社会对美国民主制度的理解和认同。此外，通过实行青年领袖培育计划等教育交流项目，培养大批亲美人才，推动湄公河地区国家的青年认同、推崇美国文化。

一　增强价值观宣传，改善和重塑美国形象

以往美国外交中存在的问题导致美国道德形象严重受损，改善和重塑美国形象已经成为迫切的任务。因此，奥巴马政府通过向湄公河地区阐释其政策、控制舆论导向、提供培训等方式缓解湄公河地区国家与美国的矛盾，积极努力地提升美国的形象。一是向湄公河地区讲述美国的故事，解释美国的政策和原则。通过向当地青年传播关于美国社会、文化、历史、价值观念和生活方

式等各方面的信息，促进湄公河地区民众对美国的理解。在此基础上，解释美国的相关政策和原则，消除湄公河地区国家对美国的疑虑。二是控制舆论导向。一方面，美国通过资金支持湄公河地区国家的主流媒体，进行有利于其国家形象及价值观的宣传。另一方面，美国重视新兴媒体，例如 Facebook、Youtube 等网络社交平台，通过新兴媒体等扩大对外接触面，确保美国政策观点通过新媒体迅速传播到湄公河地区的各个角落。[①] 三是开展各类培训。通过湄公河可持续基础设施建设项目，美国为决策者提供了关于环境和社会影响评估以及公众参与过程的技术培训。通过增强美国价值观的宣传，美国不仅增强了在湄公河地区的地位及影响力，改善了国家形象，提升了在湄公河地区国家心目中的"好感度"，还加深了湄公河地区国家对美国的理解，营造了有利于美国推行其湄公河地区策略的环境。

二　干预相关国家制度选择，输出民主

美国积极推广其民主、人权的价值观，企图干预湄公河地区国家的制度选择，输出民主制度。奥巴马政府上台之后，美国促进民主的方式发生了改变，反对强加民主，放弃了小布什政府时期崇尚的强制性输出民主的方法。在干预湄公河地区国家制度选择的时候，奥巴马主张更多地依赖外交手段，同时注重制订促进民主的计划，运用美国的软实力，以帮助湄公河地区国家的名义

---

① 李忠斌：《新媒体与奥巴马政府的公共外交》，《美国研究》2011 年第 1 期，第 110～121 页。

干预相关国家的制度选择，输出民主。

美国干预湄公河地区国家制度选择以缅甸的例子最为明显，缅甸军政府上台之后，各届政府均借助人权、毒品等问题，对缅甸进行政治孤立、经济制裁。而美国的湄公河地区策略调整后，奥巴马政府一改美国政府长期以来针对缅甸军政府的政策，在制裁的同时保持接触。一方面，美国政府通过外交接触向缅甸军政府施压，要求其修改宪法、尊重国内民众的人权、保证罗兴亚人的生存权等问题；另一方面，通过 NGO 支持缅甸公民社会的建设，进而实现"民主机制"的目标，如为缅甸劳动人士、媒体、非政府组织等提供有针对性的相关专业培训。

三　实行青年领袖培育计划，培养亲美人才

2013 年 8 月，由美国政府和各基金会提供赞助的"东南亚青年领袖计划"（Young Southeast Asian Leaders Initiative，YSEALI）正式启动。YSEALI 包括多项区内交流活动，内容主要涉及美国教育和文化方面，旨在提高地区内年轻人的领导能力并促进跨境合作，应对区域和全球挑战，同时加强美国与东南亚各国的关系。① 2013 年 8 月，在美国的援助和支持下，东南亚第一个青年领袖中心（学校）在泰国孔敬大学成立，通过民间自发和非营利管理的模式，培养未来公民社会的青年领袖。这一模式的学校将每年从整个湄公河下游区域选拔 140 名大学生和 40 名实践公民社

---

① 　U. S. Mission to ASEAN，"Young Southeast Asian Leaders Initiative，"https：//asean. usmission. gov/yseali/.

会的领导人，为他们提供建立自己的非营利管理技能的课程。在接下来的三年中，大学将培养学生取得学士和硕士学位。① 2015年，奥巴马在白宫会见了 75 名第一批"东南亚青年领袖计划"成员，奥巴马表示这些青年和美国形成的友谊将帮助与东南亚国家之间形成长远的纽带，这些成员回国之后，通过"东南亚青年领袖计划"和美国交流项目网与该地区各地同伴保持联系，把他们在美国的经历发扬光大，在各自的国家迎接挑战、创造机会。2017 年 12 月 2 日，越南外交部同美国驻越大使馆联合举行"2017 年东南亚青年领袖计划"启动仪式，"东南亚青年领袖计划"将提取 2 万美元赞助越南公民展开落实有关环境、科技、与残疾进行交接、少数民族社群等的项目。②

通过"东南亚青年领袖计划"，奥巴马政府改变以往将价值观输出集中在精英社会的常态，将主要目标集中在大众青年以及中产阶级，借助多种方式向湄公河地区的青年输出美国的价值观。

第四节　夯实美湄合作的具体实践

美湄合作的具体实践主要包括作为湄公河下游倡议重要组成

---

① "FACT SHEET: The President's Young Southeast Asian Leaders Initiative," The White House Office of the Press Secretary, November 14, 2014, https://www.whitehouse.gov/the-press-office/2014/11/14/fact-sheet-presidents-young-southeast-asian-leaders-initiative.

② 越通社：《2017 年东南亚青年领袖倡议启动》，2017 年 12 月 2 日，https://zh.vietnamplus.vn/2017 2017 年东南亚青年领袖倡议启动 /58829.vnp。

部分的湄公河环境合作项目（Mekong Partnership for the Environ-ment Project）、湄公河可持续基础设施建设项目（Sustainable In-frastructure for the Mekong），以及湄公河智能基础设施项目（Smart Infrastructure for the Mekong）、湄公河下游公共政策倡议（Lower Mekong Public Policy Initiative）。

一 湄公河环境合作项目（MPE）

湄公河环境合作项目是美国国际开发署在湄公河地区新启动的一项区域环境四年计划。湄公河环境合作项目致力于推动湄公河地区国家的利益相关方对话，预估区域发展项目的社会和环境成本及效益，在加强利益相关者在基础设施规划和投资方面的技术能力的合作基础上，通过提供保护环境产品和服务的方式促进湄公河流域的可持续发展，为该地区的经济发展奠定坚实基础。湄公河环境合作项目涉及行业包括水电、采矿、石油和天然气勘探与生产以及运输系统等。其目标为：一是提高湄公河地区公民社会的影响力，进而制定关于湄公河地区环境发展的重大决策；二是加强多方利益相关者参与发展决策的区域平台建设；三是方便公众获得高质量的、及时的关于开发项目的环境和社会成本及收益的信息。具体活动包括在替代技术、环境和社会保障、风险评估，以及促进公众参与环境决策方面分享知识和建立经验。一方面，湄公河环境合作项目将推动湄公河地区环境领域的创新，提升其在该领域的国际标准，保证美国在该地区的基础设施发展中，减轻重大投资的环境风险和社会影响；另一方面，湄公河环境合作项目在促进了湄公河地区经济增长的同时，也保护了该地区的自然资源。①

二　湄公河可持续基础设施建设项目（SIM）

通过湄公河可持续基础、设施建设项目，美国将为湄公河地区的合作国家提供来自美国政府首席科学家和工程师的快速部署技术援助，用以缓解大型基础设施项目对社会和环境造成的潜在压力。作为湄公河下游倡议的一部分，湄公河可持续基础设施建设项目将把 21 世纪的创新视为传统基础设施发展的替代方案，以应对可持续性挑战。湄公河可持续基础设施建设项目中美国为湄公河地区国家提供的技术支持服务包括三方面：一是同行评审就基础设施评估进行磋商，如环境和社会影响评估、水文模型、气候变化脆弱性、选址建议等；二是为决策者提供关于环境和社会影响评估以及公众参与过程的技术培训；三是分析传统基础设施开发设计的创新替代方案。②

三　湄公河智能基础设施项目(SIM)

湄公河智能技术设施项目是一项政府—政府的技术援助计划，在来自"湄公河下游倡议"的五个国家政府（越南、柬埔寨、泰国、老挝和缅甸）的请求下，美国内政部的国际技术援助计划（The U. S. Department of the Interior's International Techni-

---

① USAID，"Sustainable Mekong，" https：//www. usaid. gov/asia – regional/sustainable – mekong.

② U. S. Mission to ASEAN，"State Dept. Fact Sheet on Lower Mekong Initiative，" July 13，2012，https：//asean. vs.

cal Assistance Program，DOI – ITAP）展开了湄公河地区智能基础设施项目。该项目利用美国国际技术援助局的科学和工程专业知识，帮助湄公河沿岸国家保护环境免受水电大坝和其他基础设施发展对下游社区的影响。目前，DOI – ITAP 湄公河智能基础设施的特色项目包括如下内容：一是湄公河三角洲研究，设立 7 人组成的多学科专家小组进行相关研究并由自然资源部门的专家担任驻地科学顾问；二是柬埔寨环境法典，美国派出 8 名环境法律和政策专家，为柬埔寨环境法典改革提供数百页立法文本草案；三是老挝的水电评估，制订了 60 页的优先鱼类生物学研究议程和能力建设建议，以解决湄公河水电开发的挑战；四是老挝鱼类生物学实习，在佛罗里达州华盖恩斯维尔的鱼类及野生动植物管理局（Fish and Wildlife Service，FWS）和美国地质调查局（USGS）野外点举办为期三个月的老挝鱼类生物学家实习；五是河流沉积评估，为老挝能源和矿业部制定了沉积物管理技术审评指南，并对柬埔寨湄公河河岸侵蚀情况进行了评估。①

四　湄公河下游公共政策倡议（LMPPI）

美国国际开发署和哈佛肯尼迪学院签署了一份谅解备忘录，以加强湄公河下游地区的教育合作。双方同意合作建立一个平

---

① USAID，"DOI International Technical Assistance Program Smart Infrastructure for the Mekong（SIM），" https：//www. doi. gov/sites/doi. gov/files/uploads/doi – itap_ factsheet_ – _ smart_ infrastructure_ mekong_ – _ final. pdf.

台，就水资源管理、区域基础设施系统和农业系统等区域主题开展研究、培训。在此基础上，湄公河下游公共政策倡议由美国国际开发署（USAID）资助建立。LMPPI 已列入越南胡志明市富布赖特经济学教学计划（FETP），该教学计划是越南的公共政策教学和研究中心。目前，LMPPI 由 FETP 和哈佛肯尼迪学院民主治理和创新中心共同管理。在为期三年的项目周期中，LMPPI 的主要目标是通过知识的学习，了解相关的公共政策，促进湄公河下游五个国家的生态可持续发展（越南、柬埔寨、泰国）和改善生计的经济发展（老挝和缅甸）。LMPPI 的设想是努力加强富布赖特学校参与多学科研究、教学和与政府政策对话的能力，重点关注湄公河下游地区各国在环境变化背景下面临的复杂的联系发展挑战。① 目前，湄公河下游公共政策倡议包括以下内容。一是建立跨学科网络，建立一个从事跨学科和跨界研究的研究合作伙伴网络，以研究与气候变化、资源相关的可持续发展的关键议题竞争和区域经济一体化。二是学术计划的能力建设，与富布赖特经济学教学计划教职员工和学生合作，促进与可持续发展和自然资源管理相关政策的教学和研究，重点将 LMPPI 研究和政策制定工作纳入 FETP 的教学和研究活动，扩大 FETP 在环境政策方面的课程。三是搭建政策对话和沟通平台，LMPPI 通过政策对话活动为该地区广泛的政府、私营部门和社会利益相关者建立了一个讨论

---

① Fulbright Economics Teaching Program，"HomeInitiativeIntroduction，"http：//www. fetp. edu. vn/en/initiative/lower－mekong－public－policy－initiative/introduction/.

论坛。湄公河下游政策论坛每年举办一次，2017 年 12 月 7 日和 8 日以"能源、农业和自然资源管理"为主题的湄公河下游政策论坛在越南岘港市举行，就能源发展、农业转型和自然资源有效管理开展了政策对话。①

---

① The Lower Mekong Public Policy Initiative, "2017 Lower Mekong Policy Forum on Energy, Agriculture, and Natural Resources, Da Nang, Vietnamf," December 8, 2017, http：//www. lmppi. edu. vn/en/news－events/project－activities/2017－lower－mekong－policy－forum－on－energy－agriculture－and－natural－resources－da－nang－vietnam/.

第四章
美国调整对湄公河地区策略
对 GMS 合作的影响

　　2008 年金融危机后，中美综合实力差距进一步缩小，两国由合作为主逐步转向竞争为主。奥巴马执政以后，即高调宣布"重返亚太"，实施"亚太再平衡"战略，东南亚地区进而成为美国争取伙伴国、制衡中国、遏制中国崛起的前沿地区。"中国由弱变强本身会引起多重复杂的反应，会导致地区关系重大而深刻的调整。就地区关系来说，调整的基调是由弱势中国下的关系，转变成强势中国下的关系。"① 湄公河地区因其特殊的地缘位置更是重中之重，"中美两国随之在这一地区展开了政治影响力、经济主导权和外交软实力等方面的激烈博弈"。② 2017 年，特朗普就任新一届美国总统，中美两国从间接博弈转为直接博弈，美国的

---

① 张蕴岭：《在理想与现实之间：我对东亚合作的研究、参与和思考》，中国社会科学出版社，2015，第 260 页。

② 杜兰：《中美在中南半岛的竞争态势及合作前景》，《南洋问题研究》2016年第 3 期，第 95 页。

"印太"战略充满不确定性。尽管特朗普政府表面上对奥巴马时期的对外政策多持否定态度,然而,特朗普政府实质上并未脱离借助湄公河地区遏制中国崛起的政策核心。2019 年特朗普政府在新加坡香格里拉对话期间发表的《印太战略报告》体现出了特朗普"印太"战略与奥巴马"亚太再平衡"战略的一脉相承,二者都对印太地区给予诸多关切,将中国看作重要竞争对手,毋庸置疑,始于奥巴马政府时期的美国对湄公河地区策略的调整对 GMS 合作产生了深远影响。

第一节 提升了美国在湄公河地区的实际影响力

奥巴马政府上台以后,在湄公河地区的策略调整为双边与多边并重、先海(东南亚海岛国家)后陆(东南亚半岛国家),以政治影响、经济援助、军事结盟等方式全面塑造湄公河地区地缘政治格局,并利用湄公河各国内部的矛盾及其对中国的担忧,顺利地以小成本"成功重返",其在湄公河地区的影响力得到巩固,并在某些方面甚至有所提升。

一 权力性影响力提升明显

一是政治影响力。美国通过构建"美国 + 盟友 + 伙伴"的湄公河地区关系网络,塑造了对美国有利的地缘政治格局。奥巴马政府着力打造的湄公河地区网络架构具有两个鲜明特征:一是以美国为中心,体现美国的主导力和影响力;二是以中国为目标,因此被美国拉入其中的都是在不同程度上对华怀有戒心的国家。

这一关系网络在一定程度上改变了地区权力结构和国家间互动的方式，扩大了美国的地缘政治影响力，同时也使中国与相关国家的关系和周边环境更加复杂。[①] 首先，美国与传统盟友的关系得到强化。美国在湄公河地区的军事盟友主要是泰国。2012 年末，美国总统奥巴马及其军方高层陆续访问泰国，两国军事同盟关系得到巩固与强化。其次，美国发展了一批新的伙伴国。2013 年 7 月，越南国家主席张晋创访问美国，美越确定建立"全面伙伴关系"，两国关系进入发展快车道。2015 年 7 月，越南共产党中央总书记阮富仲正式访问美国，成为美越建交以来到访美国的越共最高领导人。2016 年 5 月，奥巴马总统到访越南，进一步推动了美越伙伴关系的发展，越南进而成为美国在该地区新的战略支点。同时，美国通过支持以昂山素季为领导的缅甸民盟，在缅甸民主转型过程中提升了影响缅甸政局走向的力量。最后，美湄合作制度化建设成效明显。通过"湄公河下游倡议""美国与湄公河下游四国外长会议""湄公河下游之友外长会议""湄公河—密西西比河'姐妹河'合作关系"等合作与交流机制，提升了美湄合作的制度化水平，"软性"影响力得到强化，对美国在该地区进一步提升政治影响力奠定了基础。[②]

二是军事影响力。不可否认，为了制衡日益崛起的中国，部分湄公河地区国家或明或暗地加强与美国的军事合作，美国成为

[①] 吴心伯：《亚太大棋局：急剧变化的亚太与我国的亚太方略》，复旦大学出版社，2017，第 71 页。

[②] 罗圣荣：《奥巴马政府介入湄公河地区合作研究》，《东南亚研究》2013 年第 6 期，第 52 页。

该地区"受邀请的帝国"（Empire by Invitation）。① 当前，无论是在传统安全领域，抑或是非传统安全领域，美国在湄公河地区的军事存在都得到了一定程度的强化。在传统安全领域，美越军事合作取得突破性进展，美国在军售领域对越南"松绑"，并承诺向其提供安全保障。2014 年 10 月，美国奥巴马政府即宣布部分解除对越南的军售禁令。2016 年 5 月，奥巴马总统在访问越南时宣布，美国对越南长期施行的武器禁运得到解除。同时，两国开展一系列海上联合军演活动，越南最为敏感的金兰湾军事海港甚至允许美国军舰进入。特朗普总统执政后，于 2017 年 11 月访问了越南，双方在军事领域的合作有所加强。特朗普政府除了加大对越南进行军事援助外，甚至开始与越南讨论美国航母访越事宜。在非传统安全领域，除去禁毒、人口贩卖、卫生安全等领域的合作，美国尤其重视与湄公河地区国家在反恐方面的合作。基于美泰军事同盟关系，两国在反恐情报分享、训练培训、联合行动等领域达成诸多合作共识。因此，在经济发展成为湄公河地区事务的中心议题及经济合作不断深化的背景下，美国打出的一系列安全牌重新设定了地区安全议程，凸显了湄公河地区事务中的安全因素。湄公河地区国家对美国军事保障的依赖关系，致使中国在该地区所面临的"经济靠中国、安全靠美国"的困境难以破解。

---

① 高婉妮：《战后美国在亚太地区的权威研究》，社会科学文献出版社，2018，第 62 页。

二　非权力性影响力拓展显著

一是亲美人才培养取得成功。文化如水，润物无声。文化合作成为美国发展与湄公河地区国家友好关系、实现"亚太再平衡""美国优先"等战略的最佳手段。通过一系列教育合作项目，美国在湄公河地区培养了一批"亲美"人才，而这些人在各国政府、商业决策过程中往往扮演着重要角色。一方面是通过"'湄公河下游倡议'特殊用途英语计划"（Lower Mekong Initiative English for Specific Purposes Program），向湄公河地区国家政府部门、民间组织、NGO 中的工作人员，教授以生态环保、卫生安全等领域为主的专业英语。同时，加大对本地教师的培训力度，以提高师资质量、课程设置的科学性，并在当地儿童心中树立美国国家良好的形象。① 另一方面是推出"国际访问者领袖计划"（International Visitors Leadership Program），支持湄公河地区的青年精英到访美国，学习并传播美国在卫生安全、生态环保等领域的治理理念及经验。另外，在美国"扩大生命线民间援助基金"项目中，有一部分项目是专门用于培养湄公河下游流域国家青年领袖的。因此，美国通过与湄公河地区国家在"民生领域"的交流合作，进而培养了一大批深受美国文化影响、熟谙美国事务、倾向美国外交政策的政治精英，他们积极呼吁美国进入湄公河地区，主张通过域外力量平衡中国在该地区日益扩大的影响力。

---

① "The LMI ESP Symposium," *Lower Mekong Intiative*, September 6, 2012, http: //lmi – esp – symposium. blogspot. com.

二是美国价值理念得到推广。"民主与人权牌"是奥巴马政府湄公河地区策略的重要组成部分。希拉里声称,"作为一个国家,我们最强有力的资产是价值观的力量,尤其是我们对民主和人权的坚定支持",这甚至比军事能力和经济规模更重要。① 美国一直认为,湄公河地区国家中,越南、老挝为共产主义国家,缅甸、柬埔寨为军人专制国家,因而推动民主与人权理念是美国湄公河地区政策的重要内容。就其成效而言,美国通过更为"接地气"的民生援助项目,以青年为主的社会群体,成功输出民主与人权理念,进而扩大了美国模式及理念的影响力,并与中国模式形成竞争态势。以缅甸为例,美国在其民主转型进程中发挥了重要作用。一是美国通过官方渠道向缅甸军政府施压,要求缅甸释放昂山素季、修改宪法、尊重少数族群的权利。二是为缅甸民主政治活动家组织培训,加大对缅甸 NGO 与媒体的资金、技术、经验等方面的支持,以促使其向"民主国家"的方向发展。2015 年缅甸民盟赢得大选并于 2016 年上台执政,是美国成功推广其理念的重要表现,也被视为奥巴马政府的重要外交遗产。在东南亚的现代化与民主化进程中,"民意牌"成为美国政府弥补其经济影响力不济的外交利器,而中国由于曾经对缅甸军政府的支持,削弱了经济力量所带来的外交影响。

三是美国国家形象得到改善。美国的湄公河地区政策重点投

---

① Hillary Clinton, "America's Pacific Century," *Foreign Policy*, November 2011, http://www.foreignpolicy.com/articles/2011/10/11/americas _ pacific _ century, retrieved September 13, 2017.

入环境、医疗、教育和基础设施等民生领域，获得了湄公河地区民众的普遍好感，改善了美国的国家形象。以环保项目为例，2010 年，美国即为湄公河地区国家环境项目提供 2200 多万美元的资金支持，到 2011 年，投入资金总额达 6900 万美元。[①] 这一项目有助于缓解湄公河地区国家土地盐碱化、森林过度开采、饮用水不安全等问题，切实保障了当地居民的用水安全以及该地区的生态平衡。与此同时，在医疗和卫生方面，美国大力开展卫生援助，将其视为美国政府改善国家形象、获取当地民众好感的重要工具，以及实践其"巧实力"理念的重要途径之一。进而"提出了一系列指导原则、目标和新的倡议，从而进一步界定了全球卫生在美国外交中的作用"。[②] 就柬埔寨而言，卫生援助在美国对柬援助中占据重要地位。2011～2014 年，每年均为 3500 万美元左右，而这些资金主要集中用在疟疾、艾滋病、妇幼保健等卫生领域。[③] 以上问题大都为湄公河地区国家亟须解决的问题，且与当地民生紧密相关，因此受到各国政府与民众的欢迎和支持。这些项目的推动，一方面提升了湄公河地区国家的国家治理能力，另一方面也有利于美国国家形象得到改善。

---

① 参见美国国务院发布的《美国同湄公河下游诸国开展环境、健康和教育合作》以及《〈湄公河下游倡议〉2010/2011 年进展情况》简报，http：//iip-adigital. ait. org. tw/st/chinese/texttrans/2010/07/20100722170610xdiy0. 1841853. html#axzz2GoZScXIk。

② 张业亮：《美国的全球卫生安全政策：以大湄公河次区域为例的国际政治分析》，《美国研究》2014 年第 3 期，第 20 页。

③ Thomas Lum，"US‐Cambodia Relations：Issues for the 113th Congress，" *CRS Report*，July 24，2013，https：//www. fas. org/sgp/crs/row/R43113. pdf.

第二节 加剧了 GMS 区域内合作的竞争态势

当前，湄公河地区合作机制众多、大国竞争激烈。究其根本，一是经济全球化与区域一体化发展迅猛，二是本地区大多数国家奉行"大国平衡"战略，乐见各个大国在本地区的均衡存在。随着美国对湄公河地区策略的调整，湄公河区域内的竞争态势更趋激烈，主要表现在中美地缘博弈加剧、中日经济博弈突出以及与其他大国的竞争加剧三个方面，其中尤以中美竞争最为激烈。

一 中美地缘博弈加剧

中国和美国是左右湄公河地区秩序的两个关键国家，两者的互动将决定新的地区秩序的面貌。奥巴马政府的湄公河地区策略以制衡中国力量和影响力的上升、巩固美国在本地区的利益和地位为目标，加大与中国的地缘政治和地缘经济竞争的力度，重塑地区政治经济格局。在此背景下，中美在湄公河地区的互动总体上呈现出竞争大于合作的态势，① 即中国始终是美湄合作中被优先考虑的重要因素，而这也是美国调整对湄公河地区策略的重要原因所在。② 美国认为，应该在中国"将强未强"的时期，通过插手中国"战略后院"——湄公河地区，以恶化中国崛起的周边安全环

---

① 吴心伯：《亚太大棋局：急剧变化的亚太与我国的亚太方略》，复旦大学出版社，2017，第72页。

② 尹君：《后冷战时期美国与湄公河流域国家的关系》，社会科学文献出版社，2017，第209页。

境，"拉拢湄公河下游各国与美国合作，以阻止继续出现湄公河下游各国倾向于中国的局面"，① 防止美国利益在该地区的边缘化。为了化解美国"亚太再平衡"战略与"印太"战略对中国周边环境所造成的地缘压力，中国以"一带一路"建设为契机，不断加强与湄公河地区国家的合作，推动地区经济发展，维护地区稳定。孟中印缅经济走廊、中国—中南半岛经济走廊、中老经济走廊、中缅经济走廊、澜湄合作机制等合作框架的提出即是中国日益重视该地区的重要表现。卡内基国际和平基金会高级研究员阿什利·泰利斯认为，竞争已经成为中美关系发展的主要特点。② 中美在湄公河地区的竞争是全方位的，既表现在军事、经济等"硬实力"领域，也表现在价值观、文化、社会等"软实力"领域，其核心是服务于地缘博弈。

二　中日经济博弈突出

可以说，中美大国博弈是当前湄公河地区最为引人注目的竞争态势。不过，中日竞争亦不容忽视。长期以来，湄公河地区一直是日本最为重要的原料供应地与出口市场。同时，日本认为湄公河地区是其走向"正常国家"与"政治大国"的突破点，这也

---

① Felix K. Chang, "The Lower Mekong Initiative & U. S. Foreign Policy in Southeast Asia: Energy, Environment & Power," Spring 2013, https://ac.els-cdn.com/S0030438713000069/1-s2.0-S0030438713000069-main.pdf?_tid=160d3c90-9281-4387-8563-fc5a0b18bbd1&acdnat=1528596705_26ba176bd1f4a8b9438149f6c7b9a476.

② 王缉思编著《大国关系：中美分道扬镳，还是殊途同归》，中信出版社，2015，第 15 页。

是日本将对湄地区援助作为其对外战略重点所在的原因。日本通过一系列不附加政治条件的援助，有效提升了当地政府与民众对日本的好感度，树立了良好的国家形象。① 然而，自 1997 年金融危机之后，中国在湄公河地区的影响力持续上升，极大地削弱了日本在该地区的影响。因此，自日本前首相鸠山由纪夫开始，定期召开"日本—湄公河各国首脑会议"，湄公河地区成为其对外开发援助的重点地区。安倍政府上台以来，在政治上，积极配合美国的"亚太再平衡"战略，鼓动菲律宾、越南与中国争夺南海主权，同时积极推进"价值观外交"，试图通过建设所谓的"亚洲民主繁荣之弧"遏制中国在该地区影响力的快速提升。在经济上，倡议日本—湄公河伙伴关系计划，接手美国放弃的 TPP 计划，推动排斥中国的贸易体系的建立。

三 其他大国竞争激化

湄公河特殊的地缘位置，使得域外大国不断介入。例如，印度以"东向"政策为指导，于 2000 年推出"湄公河—恒河合作倡议"。韩国与湄公河地区国家与 2010 年联合召开"韩国—湄公河开发论坛"，进而建立对话合作机制。2011 年，韩国与湄公河地区国家外长召开首届"韩国—湄公河国家外长会议"，发布《汉江宣言》，明确彼此合作重点与路径。同时，美国与日本在经济上也存在竞争关系，在政治上则由于遏制中国的需要开展密切合作。

---

① 陈莹：《软实力视角下冷战后中国、美国和日本对东南亚的援助研究》，博士学位论文，暨南大学，2014，第 84 页。

第三节　提高了中国对湄公河地区影响力投射成本

湄公河地区国家与中国山水相连，并且在历史与文化上深受中国影响，一般被外界视为中国的"战略后院"。而在美国对华遏制之势愈加明显的当下，湄公河地区已经成为中国对外战略布局中的战略前沿。美国奥巴马政府介入湄公河地区合作后，对湄公河地区各国的形势发展都造成不同程度的影响，其中影响最大的自然是中国。① 美国知名学者戴维·兰普顿（David M. Lampton）认为，美国的对华认知已经从"虚弱的中国"转向"强大的中国"。② 因此，中国对湄公河地区影响力投射的成本不断提高。

一　政治领域，政治互信受损

政治互信是实现"一带一路"合作的基础和前提。然而当前，美国在湄公河地区的"搅局"，致使中国与湄公河地区国家的政治互信遭到一定程度的损伤，尤其是中越之间，美国在南海地区与越南的军事合作，严重削弱了中越之间的政治互信。中国与湄公河地区国家囿于冷战时期意识形态阵营的对立、美越战争、中越边境战争以及越南入侵柬埔寨等历史事件的影响，政治互信问题长期存在。当前，中国发展迅速，湄公河地区国家基于

---

① 罗圣荣：《奥巴马政府介入湄公河地区合作研究》，《东南亚研究》2013 年第 6 期，第 52 页。

② David M. Lampton, "Paradigm Lost: The Demise of 'Weak China'," *National Interest*, No. 81, 2005, pp. 73 – 80.

对中国体量庞大等现实因素的考量，与中国之间的政治互信"赤字"较为突出。在某种程度上，彼此间政治合作的象征意义大于实际意义，在南海争端等安全问题上彼此立场、政策差异较大。尤其是在水资源问题上，美国利用中国与湄公河地区国家在澜沧江—湄公河水资源开发、利用等问题上的分歧，不断"挑拨离间"，以分化中国与湄公河地区国家的关系。美国史汀生中心的著名学者理查德·克罗宁即认为，中国的大坝建设将对湄公河地区国家与美国造成严重的威胁。① 美国通过其智库、NGO 刻意宣扬"大坝威胁论"，在美国相关方面的肆意鼓噪之下，湄公河地区国家和民众加深了对中国的不满与疑虑。

二 经济领域，项目成本上涨

2011 年，美国国务卿希拉里对缅进行访问时警告说，"某些国家只对你们的资源感兴趣，并不重视你们治理能力的建设……短期的资金援助有助于填补预算缺口，但这些援助是不可持续的"。② 这一讲话明显指向中国。不可否认，湄公河地区国家对此非常敏感，担心中国通过大项目建设实行"债务绑架"，进而控制其政局走向。因此，缅甸、越南、泰国与老挝等国主动减少对

---

① Richard P. Cronin, "China's Activities in Southeast Asia and the Implications for U. S. Interests," *Testimony before the U. S. - China Economic and Security Review Commission*, February 4, 2010, http：//www. stimson. org/essays/chinas - activities - in - southeast - asia - and - the - inplication - for - us - interests/.

② 《希拉里：发展中国家要警惕某些援助国》，FT 中文网，2011 年 12 月 1 日，http：//www. ftchinese. com/story/001042005？ archive。

中国的经济依赖，中国与其合作项目频频受阻，致使项目成本与风险不断上涨。美国针对中国在湄公河地区的大型基础设施建设和农业投资项目，支持国际和本土的 NGO，以公众参与为核心（或借口），通过支持 NGO 的跨国合作，收集、整理和分析上述项目的环境和社会影响，与政府、企业开展对话，构成一股独立的力量，给政府和企业不断施加压力。政府面对社会舆论和公众压力，不得不提高投资门槛、提高外资准入条件、提高外资履行社会责任的要求，其结果将是抬高中资企业在湄公河地区的投资成本，影响中资企业在湄公河地区的投资积极性。缅甸以密松水电站、莱比塘铜矿为代表的项目建设中断，尤其是密松水电站至今仍然搁置，给中国造成了重大损失。同时，密松大坝事件引起了中国对缅甸其他投资项目发生多米诺骨牌效应的担忧，包括一些其他的水电工程、矿山企业，中缅皎漂—昆明铁路工程计划即因种种原因搁浅。同时，美国利用各类 NGO 向湄公河地区国家政府施压，提高了中资企业在湄公河地区的投资成本。且中国在澜湄合作机制、各类经济走廊建设过程中，各国"坐地起价"，项目推进成本上涨，合作进程明显受阻。

三　安全领域，合作阻力增大

当前，湄公河地区的权力结构存在"二元体系"的特点，即以中国为核心的经济秩序与以美国为核心的安全秩序之间的不兼容。两个国家所扮演的角色迥然不同且不能相互替代。在此情况下，湄公河地区国家采取"砌墙政策"，在经济上依靠中国，在安全上依靠美国，力图在中美之间寻求自身经济利益和安全利益的平衡。而伴随美国对湄公河地区的策略调整，湄公河地区国家战略压力增大，尤其是如何在中美博弈中取得平衡。湄公河地区国家基于其国家利益考量，重新评估与美国的多边和双边互动，并将美国视为保障其安全的重要力量。当前，美国不断介入南海争端，企图使南海问题国际化，进而激化该地区的安全形势，为强化其军事存在创造契机。美国的举动导致南海冲突集中爆发与升级，使中国与相关国家在和平解决南海问题上合作阻力增大。同时，也破坏了东盟团结，中国与湄公河地区国家加强合作甚至被认为是分化东盟的举措。美国对南海问题的介入不断深入，使得中国和平解决南海争端的障碍增多、安全影响力投射成本也不断上涨。美国一是改变其在南海问题上"不选边站"的立场，在南海问题上质疑"九段线"的合法性，并且不断加大其在南海的军事部署；二是偏袒菲律宾与越南的南海主张，故意激化南海现有冲突；三是屡次在东亚峰会、东盟地区论坛等地区安全框架下抛出南海议题，以挑拨中国与东盟的关系。基于此，中国与湄公河地区国家不仅面临传统安全领域合作阻力增大的状况，在禁毒、反恐等非传统安全合作上同样面临较大的阻力。

第四节 影响了中国"一带一路"倡议的推进

湄公河地区是中国周边外交政策实施的重要战略依托，与湄公河流域国家的合作直接关系到中国周边外交政策的成效。[①] "一

---

① 尹君：《后冷战时期美国与湄公河流域国家的关系》，社会科学文献出版社，2017，前言第 3 页。

带一路"倡议是中国参与国际合作、开展全球治理的积极探索。湄公河地区国家是中国实施"一带一路"倡议的重要国家，直接关系到这一倡议的落实。而美国之所以将湄公河地区作为"重返亚太"战略的重要支点，一方面体现了其对该地区日益密切的经济合作的关注，更重要的是反映了其对中国在该地区日益增长的影响力的担忧。① 美国在湄公河地区的策略调整对中国"一带一路"倡议的推进产生了消极影响。

一　湄公河地区国家对"一带一路"倡议目的产生怀疑

不可否认，"一带一路"倡议在推进过程中，因为各种复杂因素，使得湄公河地区国家对其目的产生怀疑，而美国在其中发挥着重要作用。一是湄公河地区国家在搭乘"一带一路"发展快车的同时，对中国快速上升的国力感到忧虑与恐惧，担心中国通过大项目进行"债务绑架"，进而使其成为中国的经济附庸抑或政治附庸。基于此，各国积极施行"大国平衡"战略，拉入美国、澳大利亚、印度、日本等国参与该地区事务。例如，湄公河地区国家在该地区的多边机制建设中一直强调其主导权，避免中国成为该地区事务的绝对主导。导致中泰铁路、中老铁路合作几经周折，迟迟不能取得突破。尽管目前中老铁路进展顺利，但中泰铁路进展总体缓慢。这与两国担心中国控制其交通枢纽不无关

---

① 任娜：《美国介入大湄公河次区域与中国的应对》，《东岳论丛》2014 年第 12 期，第 116 页。

系。而美国在湄公河地区的策略调整契合了当地国家的安全需求，使其成为平衡中国的重要力量，甚至是唯一可以使中国有所忌惮的力量。

二是基于经济考虑。首先是湄公河地区国家与中国的发展水平差距较大，使其对中国—东盟自贸区的升级版持"恐惧"态度，担心中国商品大量进入湄公河地区国家，会挤压本国产品的市场占有率，使其制造业的生产能力不断萎缩，进而成为中国的经济附庸。其次是许多国家企图利用大国竞争因素，多方获利。比如泰国通过中国和日本在铁路建设方面的竞争，坐地要价，以谋求最大利益。最后是湄公河地区国家怀疑中国借"一带一路"倡议之机，在产业转移中向当地转移高能耗、高污染、高浪费的产业，进而危及当地生态环境，要求中国政府加大对其企业、项目的监管力度。而美国政府、非政府组织对湄公河地区国家"一带一路"倡议负面认知的形成难辞其咎。

二 湄公河地区民间对"一带一路"倡议项目设置阻碍

当前，中国提出的一些项目虽然不是"一带一路"倡议提出后的项目，但有望成为"一带一路"倡议的早期成果，比如缅甸莱比塘铜矿、密松水电站等项目。因为美国对湄公河地区策略的调整以及介入，这些项目纷纷停工（莱比塘铜矿在近期才开始陆续复工），给中缅两国造成了重大的损失。在具有西方国家背景的 NGO 支持和炒作下，近年来湄公河地区国家的资源和环境民族主义已经对澜湄合作的推进造成了影响。2016 年底，老挝政府发布命令禁止新建香蕉种植园，其公开的理由是为了保护波乔省、南塔省和乌多姆赛省的香蕉种植园，避免因使用农药对环境造成污染，西方 NGO 同样在其中扮演了重要角色。2017 年 1 月，中国在泰国和老挝以湄公河为界的边界地区进行勘探，为开展湄公河航道二期整治工程做前期准备时，泰国民间团体组织了抗议示威活动，认为这将对当地的生态和村民生活带来巨大影响，泰老两国的边界会发生新的变化，对泰国的安全和主权可能带来挑战。2017 年 5 月，缅甸陆续爆发抗议中缅油气管道的游行示威活动，一些渔民指责中缅石油管道破坏了当地的渔业环境。可以预见，中国在湄公河地区推进的建设项目仍将受到湄公河地区国家资源和环境民族主义的影响，美国在其中所扮演的角色不容忽视。

第五章
中国应对美国湄公河地区策略
调整的对策建议

中国与湄公河地区国家有着悠久的交往传统与深厚的合作关系。如何应对美国对湄公河地区的策略调整，对中国营造和平稳定的周边环境、推进"一带一路"建设至关重要。因此，中国必须在政治策略、经济策略以及安全策略上做出适当调整，以巩固、强化中国在该地区的影响力。在政治策略上，明确中国地区定位与角色，突出地区合作制度化建设。在经济策略上，调整对湄公河地区援助策略，强化地区经济合作的影响力。在安全策略上，构建安全合作框架，提供区域安全公共产品，提升湄公河地区国家对我国安全依赖程度。就具体措施而言，中国可从以下五个方面着手应对美国对湄公河地区策略的调整。

第一节　加快澜湄合作机制建设

澜湄合作机制（LMC）是澜沧江—湄公河次区域合作的新机

制、新实践和新平台，对中国营造安全稳定的周边环境具有重要的战略意义。同时，澜湄合作机制也是中国应对美国对湄公河地区策略调整的重要机制平台。然而，在湄公河地区国家"大国平衡"战略与美国"亚太再平衡"战略的配合之下，澜湄合作机制所面临的挑战不容忽视。因此，在澜湄合作机制框架下，使双边、多边合作真正惠及各方，切实促进湄公河地区国家的经济社会发展，化解湄公河地区各国对中国崛起的顾虑，弱化美国在该地区日益强化的影响力，显得尤为重要。

一　明确澜湄合作机制定位

当前，湄公河地区存在众多的多边、双边合作机制，美国与中国都是最为重要的参与国。如何与美国展开机制建设层面的竞争？中国可在国家层面制定合作机制整体规划，就中国参与湄公河地区机制的定位、主体、方式进行调整与指导，是提升机制权威性与影响力的关键。尤其是中国没有必要直接参与所有机制，例如日本并不是 GMS 机制的正式成员国，但其通过亚行施展的影响力不可小觑。中方可以通过信息支持、资金投入、政策协商等方式对一些机制施加影响，这样既可以消除域内国家对中国主导的担忧，又可以切实维护自身的国家利益，实现各方共同发展。对于澜湄合作机制，中国必须明确其定位，避免成为澜湄国家合作的"清谈馆"。同时，可将云南省参与的跨国合作机制整合到澜湄合作机制中去，适时退出、终止一些运转失灵、低效的机制，做到机制建设重点突出与可持续发展，提升与美国进行制度竞争的优势。

二 增进域内国家合作共识

澜湄合作机制在建设过程中，不可能一开始就消除域内国家对中国的戒备之心，也不可能从根本上改变其"拉拢"美国以"平衡中国"的外交战略。基于此，在机制建设过程中，中国有必要始终坚持"共商、共建、共享"的合作理念，通过对话、谈判、协商等方式"求同存异"，努力寻找利益共同点、构建利益共同体，通过一系列切实可行的合作项目真正惠及各方、惠及民生。中国可以发挥政府主导作用和民间主体地位，就区域开发进行协商与合作，推动产业优势互补、互通有无，进而实现务实合作。① 中国可多承担一些责任与义务，提供一定数量的公共产品，用行动化解合作分歧、增进合作共识、推动合作深化。与此同时，可以联合构建"澜湄合作愿景 2030"，这对整合本地区不同的发展理念与利益诉求、减少对中国的误解与猜测极为重要。

三 加快澜湄国家命运共同体构建

澜湄国家命运共同体建设是探索不同于美国发展模式的重要尝试，也是"中国智慧""中国理念"具体化、可操作化的必然要求。就具体路径而言，首先是建设责任共同体，面对湄公河地区日益突出的毒品泛滥、人口走私、恐怖主义网络化等非传统安全问题，澜湄合作可进一步增进各方战略互享，切实维护地区和

---

① 张帆：《开展深入研究，增进地区国家合作共识》，《光明时报》2017 年 2 月 17 日，第 16 版。

平稳定。其次是建设利益共同体，澜湄各国在互联互通、产能合作、跨境经济、水资源、农业和减贫五个优先领域具有广泛的合作基础，澜湄合作须不断提升澜湄各国的相互依赖程度，进而夯实共同利益基础。最后是建设人文共同体，澜湄次区域各国"山水相连，民心相通"，要充分发挥各国文化相似性高的基础，不断推动人民友好交流，真正"让命运共同体意识在周边国家落地生根"。[①]

第二节　调整对湄公河地区援助策略

当前，美国对湄公河地区国家的援助侧重于可持续发展与民生领域，获得了受援国民众的好感，对其影响力提升起到了良好的作用。因此，中国调整对湄公河地区国家的援助策略势在必行，并且刻不容缓。

一　协调发展理念

中国与湄公河地区国家虽然山水相连、文化相亲，却在发展理念上存在较大的差异，成为彼此合作深入的主要问题。如果忽视当地国家的发展理念，远离当地社会现实，将面临机制建设失败的风险。处于贫困状态的民众依然坚持将为数不多的储蓄捐献给寺庙。比如，老挝总人口不到 700 万人，经济发展滞后，人口

[①] 《习近平：让命运共同体意识在周边国家落地生根》，新华网，2013 年 10 月 25 日，http://www.xinhuanet.com/2013 - 10/25/c_ 117878944. htm。

流动范围较小，对铁路的需求并不强烈，另外铁路建设耗资巨大，政府征地压力较大。对此，中国既要尊重当地的发展理念，也要积极宣传中国的发展理念与发展经验。在项目设计过程中充分考虑当地现实需求，做到"想人所想，急人所急"，尤其是要避免"单向施舍""捆绑式援助"的合作观念。

二 创新援助方式

美国参与区域治理与全球治理的历史悠久，积累了丰富的治理经验，中国对湄公河地区的援助在继承美国治理方式的同时也要创新治理方式。一是继续推动地区"互联互通"的全面建设。与此同时，坚持"授人以鱼不如授人以渔"的"双向共赢"思路，加强彼此间在技术、管理、教育等领域的交流合作，这也是减缓湄公河地区国家担心被大国"绑架"的有效方式。二是中国的援助机制尤其要重视制度的建设，如果一味地侧重于"资金投入"的旧有方式，将不利于机制的长久发展，反而会造成投入巨大但效果有限、后续合作乏力等问题。三是充分发挥 NGO 在援助中的特殊作用，淡化援助的政治色彩。中国要加强与湄公河地区国家 NGO 的交流，在政策上、资金上鼓励和支持中国 NGO 到湄公河地区开展更为广泛的业务和活动。四是创建澜湄合作框架下的社会发展与减贫论坛等区域平台，通过举办发展与减贫国际研修班、论坛和研讨会，为湄公河地区国家提供力所能及的技术支持，促进发展与减贫知识和经验的地区共享。此外，"加强双方扶贫合作领域的研究水平和能力，加大相关研究人员的培养，加强扶贫领域的学术交流，让中国与湄公河地区国家更深地理解彼此对外政策"。①

第三节　提高对湄公河地区软实力投射

美国之所以在湄公河地区的影响力能够快速提升，与其以民主、人权为代表的价值观对当地民众具有极大的吸引力不无关系。因此，提高中国对湄公河地区的软实力投射能力成为应对美国在该地区影响力快速提升的重要手段。

一　价值观层面，提倡亚洲价值观

当前，中国的崛起将给世界提供怎样的发展理念与方案引起国际社会的广泛关注。因此，在价值观上，提出并推广不同于西方以民主、人权为代表的价值观，强调湄公河地区所共有的"亚洲价值观"② 是不容忽视的。亚洲价值观重视家庭、平等、包容、稳定与秩序，进而为世界提供了不同于西方的、具有强大吸引力的价值理念。"西方的软实力强调的是其价值观与文化的优越性和主导性，而中国则倡导价值与文化多元并存，相互尊重和相互学习。如果中国能够立足现代，重视历史文明的传承，就可以在

---

① 左常升主编《国际发展援助理论与实践》，社会科学文献出版社，2015，第 165 页。

② "亚洲价值观"最先由新加坡总理李光耀提出，其主要内容是"国家至上，社会为先；家庭为根，社会为本；社会关怀，尊重个人；协商共识，避免冲突；种族宽容，宗教和谐"。

未来的发展中拥有占据文化制高点的优势。"① 因此，中国应该充分利用湄公河地区广大的华人群体，通过宣传"和谐社会""和谐世界"等理念，不断提升中国"和谐""中庸"文化思想的吸引力，使其在湄公河地区"落地生根"，进而成为不同于西方价值思想的理念选择。

二 人文层面，加强民心相通

针对美国在湄公河地区推出的"青年领袖计划"，中国有必要在湄公河地区加强中华文化的传播。就具体措施而言，首先，加大汉语对外传播与推广力度，使湄公河地区青年通过对中国语言文化的学习，感受中华文化的魅力，进而成为今后彼此友好交往的媒介。其次，扩大留学生培养合作，使更多的留学生到中国来学习，使其切身感受中国发展的成就与魅力，在回国后成为中国发展经验的宣传者与推广者。最后，加大对湄公河地区青年精英培训，加大与各国政府、党派、NGO 在联合培训方面的合作，向他们讲中国故事、传播中国经验。

三 社会层面，改善中国国家形象

国家形象是国家对外交往的名片，而进一步改善中国在湄公河地区的国家形象是推动"一带一路"建设的关键。基于此，一方面，形成中国政府、企业、民间组织、个人共同组成的多层次

---

① 张蕴岭：《在理想与现实之间：我对东亚合作的研究、参与和思考》，中国社会科学出版社，2015，第 252 页。

交往主体，发挥各主体的优势，可有效降低合作的敏感性，减少合作过程中的阻碍，消解中国形象中的负面因素，构筑中国正面形象。另一方面，进一步推动环境、卫生、教育、减贫等社会领域的全方位合作，即通过与湄公河地区民间组织的合作，面向农村、山区等地区的民众，开展修路、架桥、打水井、建医院与学校等公益活动，切实改善当地民众生活水平，使中国与有关国家的关系发展真正落到实处、惠及民生。

第四节　注重澜湄合作制度建设

澜湄合作如何避免流于空谈，尤其是如何改变"撒钱但不讨好"的局面，制度建设无疑是关键，也是应对美国加大湄公河地区合作制度化建设的有力措施。

一　政治安全领域，构建安全合作框架

构建安全合作框架是深化中国与湄公河地区国家关系发展、破解美国对华遏制的关键。一是在传统安全领域，建立高层军事电话热线，加强军事对话与协商，提升军事援助力度，将澜湄经济合作扩展到安全合作，破解湄公河地区"经济靠中国，安全靠美国"的尴尬境况。二是在非传统安全领域，建立非传统安全合作框架与运行机制。其内容可包括跨国反恐、联合打击毒品犯罪等跨境问题、共同治理传染性疾病等。目前，湄公河地区的恐怖袭击有逐渐增加的趋势，中国可借此机会推进湄公河地区反恐合作协议谈判，就摧毁恐怖主义通道、打击恐怖主义势力、加强联

合反恐合作等问题展开磋商，设立相应的反恐领导小组，强化各国间政治安全合作。

二 经济发展领域，推动发展战略对接

经济政策协调和发展战略对接是实现湄公河地区经济发展制度化的重要前提。一方面，各方必须加强经济、金融、贸易、投资等领域的宏观政策协调，推动自由贸易区建设，促进贸易和投资自由化、便利化。另一方面，有效对接湄公河地区的总体发展战略及湄公河各国的合作规划，优势互补、协同并进。比如，可以充分考虑在"一带一路"倡议与"东盟一体化""东盟2025愿景"充分对接的前提下，切实推进中国"一带一路"倡议与湄公河地区互联互通计划、越南"两廊一圈"规划的对接。在宏观层面，双方共同制定发展蓝图，就存在的争议问题尽快协商，真正践行"共商"理念。在微观层面，以具体问题为导向，逐步推进双方在制造业、物流运输、金融银行等产业的合作，真正做到"共建""共享"。

三 社会文化领域，搭建文化融通平台

"文化融通"是"一带一路"倡议中构建"民心相通"的桥梁和纽带，对增进中国与湄公河地区国家相互理解、凝聚共识、深化合作意义重大。首先，文化融通机制建设应该释放民间参与热情。中国可通过推进"澜沧江—湄公河文化行"交流机制建设，借力民间社会的积极性与创造性，以弥补政府主导下文化融通"重官方、轻民间"的不足。其次，丰富文化融通形式。例

如，通过世界佛教大会等活动平台，利用湄公河地区各国容易产生共鸣的佛教资源，加强与湄公河地区佛教国家的宗教文化交流，以增进民间情感。最后，充分发挥高校、智库的重要作用。推动中国—南亚、东南亚大学联盟建设，强化高校、智库在文化融通机制建设进程中的引领作用。

第五节　构建中美新型大国关系

中国应对美国在湄公河地区的策略调整，除去处理好与湄公河地区国家的关系外，更重要的是处理好与美国的关系。毋庸置疑，中美关系的好坏一定程度上将决定湄公河地区的安全与发展。中美避免陷入"修昔底德陷阱"，破解"大国政治的悲剧"，构建新型大国关系无疑是一种实现两国共同发展的有效途径，而湄公河地区应成为中美建立新型大国关系的"试验田"和"起始点"。

一　积极促进中美战略沟通与协调

中国与美国不仅是湄公河地区具有最大权重的国家，而且代表着不同的经济发展方式、不同的发展阶段以及不同的历史文化特征。这两个国家能否和谐相处将极大地影响湄公河地区的安全结构和发展前景，因此，管理好中美关系对中国外交具有重要意义。[①]

---

① 吴心伯：《亚太大棋局：急剧变化的亚太与我国的亚太方略》，复旦大学出版社，2017，第118页。

一方面，双方必须持"相互尊重"的发展态度。即两国政府能够认可并且尊重彼此所选择的发展制度、发展道路。中国特色社会主义道路是中国历史发展进程中的必然选择，是符合中国最广大人民利益的。美国所走的"宪政民主"道路也是美国历史与人民的选择。两国在未来的发展中要摒弃意识形态中的"冷战思维"，相互尊重、相互理解才是真正的发展之道。在湄公河地区依然如此，中美两国都不可能从根本上改变区域内各国所奉行的"大国平衡"战略，也不可能绝对地排除另一方在该地区的存在。因此，正视各方在澜湄次区域的力量存在与利益诉求，以此为基础展开对话，是迈向务实合作的基础。另一方面，双方必须持"合作共赢"的发展理念。当前，美国总统特朗普对华进口商品加征关税，严重破坏了两国关系发展中的"贸易压舱石"，"贸易战"为全球经济发展蒙上了阴影。因此，树立"合作共赢"的发展理念并积极践行这一理念，才有可能推动进一步务实合作。在湄公河地区，中美两国不要总想着"让对方做什么"，而是应该多想想可以"共同做什么"；不能总着眼于"避免什么"，而是应当多探索"成就什么"。①

二 有效缓解湄公河地区战略压力

当前，"中美之间围绕对国际制度的塑造和控制所展开的国际制度竞争作为国际关系史上的一种全新的形态，正在成为两国

---

① 王缉思编著《大国关系：中美分道扬镳，还是殊途同归》，中信出版社，2015，"序言"第 1 页。

战略关系最主要的表现形式。'制度之战'取代'枪炮之战'成为支配未来国际秩序演进的根本力量"。① 对美国而言，中国的崛起意味着威胁和挑战，对于湄公河地区国家而言，中国的崛起意味着一种"选边站"的困境。针对中国推出的澜湄合作机制，以及美国所倡导的"湄公河下游倡议"机制，湄公河地区国家"选边站"的压力不断增大，致使各国对中美所倡导的合作机制大多持观望态度，并未全心支持机制建设，对深化机制建设持一种担忧甚至恐惧态度。基于此，中国可以尝试在东盟框架内，建立中国、美国与湄公河地区国家的三边安全对话，就各方所关注的问题进行开诚布公的探讨，不仅有助于中美管控分歧、增信释疑，更有助于缓解湄公河地区国家"选边站"的战略压力。

三　共同助力湄公河地区民生发展

就促进湄公河地区国家经济发展、提升人民生活水平，中美两国具有广泛的合作基础，两国完全有可能实现在该地区的合作共赢。因此，在具体的合作项目中，中国可以发挥地理位置优势，美国发挥技术与资金优势，通过合作互利，助力湄公河地区民生发展。例如，中国和美国在国际援助上的合作非常鲜见，② 就提升当地居民"幸福感"而言，中国可就改善当地交通环境发

① 李巍：《制度之战：战略竞争时代的中美关系》，社会科学文献出版社，2017，第2页。

② 陈莹：《冷战后国际社会对东南亚的援助》，世界知识出版社，2017，第204页。

挥自身在基础设施建设方面的优势，美国可就艾滋病、疟疾等疾病的防治发挥其在医药技术方面的优势，中美"合力"可有效推动当地民生发展，从而避免竞争所带来的"互输"局面。

附录一

美国与湄公河地区国家合作研究

一 美国与湄公河地区国家的多边合作

1. 东南亚条约组织

东南亚条约组织（Southeast Asia Treaty Organization，SEATO，又称东南亚公约组织，简称东约组织）是通过签订《东南亚集体防务条约》（又称《马尼拉条约》）而成立的一个集体防御组织。20 世纪中期，出于牵制亚洲共产主义势力的需要，1954 年 9 月 8 日，美国、泰国、菲律宾、澳大利亚、法国、巴基斯坦（包括东巴基斯坦，即今孟加拉国）与英国签订《东南亚集体防务条约》。1955 年 2 月 19 日，东南亚条约组织正式成立，总部设在泰国曼谷。东南亚条约组织旨在成为北大西洋公约组织的东南亚版本，协调每个成员国的军事力量以提供集体防御。但是由于内部分歧，东南亚条约组织并不能有效履行其职能，从而未能介入老挝内战和越南战争。然而，由于成员国相互致力于改善教育、劳工等方面的问题，对湄公河地区国家仍旧产生了不可磨灭的影响。
1971 年 3 月 26 日，巴基斯坦在东巴基斯坦脱离成为孟加拉国后
退出该组织，法国于 1975 年撤回财政支持，东南亚条约组织逐渐
分解。该组织在 1976 年 2 月举行了最后一次军事演习，1977 年 6
月 30 日正式解散。

2. 《东南亚友好合作条约》

1976 年 2 月 24 日，新加坡总理李光耀、菲律宾总统费迪南
德·马科斯、泰国总理克立·巴莫、印度尼西亚总统苏哈托与马
来西亚总理侯赛因·奥恩在印度尼西亚巴厘岛签订《东南亚友好
合作条约》（Treaty of Amity and Cooperation in Southeast Asia，
TAC），该条约的目的是促进东南亚人们之间的和平、友好与合
作，以增强力量、促进团结、建立更加亲密的联系。2003 年 10
月 8 日，中国与印度正式加入《东南亚友好合作条约》。2004 年
7 月 2 日，日本外务大臣签署加入《东南亚友好合作条约》。2004
年 11 月 29 日，俄罗斯签署加入《东南亚友好合作条约》。奥巴
马政府"重返亚太"战略提出以后，美国国务卿希拉里于 2009
年 7 月出席在泰国举办的东盟外长扩大会议期间，代表美国政府
签署了《东南亚友好合作条约》，并与柬埔寨、泰国、老挝、越
南外长举行联合会议，共同商议美国与这四个湄公河下游国家
建立新合作框架的设想。美国计划与柬埔寨、泰国、老挝、越
南这四个湄公河国家建立一个"美湄合作"框架，不仅希望在
环境保护、健康保健和教育三个领域展开合作，还建议湄公河

委员会与美国密西西比河委员会建立伙伴关系。①

3. 湄公河下游倡议

为彰显美国与湄公河下游四国在共同关注的重要议题上日益增强协作，2010 年 7 月 22 日，美国国务卿希拉里在越南河内与柬埔寨、老挝、泰国、和越南四国的外交部长举行会谈。会议结束后，五国外长正式启动"湄公河下游倡议"（Lower Mekong Initiative）。缅甸于 2012 年 7 月正式加入该倡议。这个倡议重点关注环境、卫生、教育和基础设施等领域。在环境领域，2010 年美国为湄公河流域的环境项目提供高达 2200 万美元的经济援助，支持湄公河下游行动计划的项目，其内容包括：（1）启动一个长达三年的项目，契合柬埔寨、老挝、泰国、越南四国的发展合作战略，以应对气候变化对水资源、粮食保障的消极影响，对此美国已拨款 300 万美元；（2）湄公河委员会和密西西比河委员会在2010 年签署一项结为"姊妹河"的合作协定，目的是提高改进越境水资源管理的效率与质量；（3）坚持开发预测性模型工具——预测湄公河（Forecast Mekong），用以显示气候变化和其他挑战对湄公河流域可持续发展的影响；（4）资助湄公河下游诸国各个大学进行两年期研究项目，探究湄公河流域长期存在的有机污染源。②

---

① 尹君：《冷战后美国与湄公河流域国家关系的发展、动因及影响研究》，博士学位论文，云南大学，2015，第 29 页。

② 任娜、郭延军：《大湄公河次区域合作机制：问题与对策》，《战略决策研究》2012 年第 2 期，第 62 页。

二 美国与湄公河地区国家的双边合作

1. 美国与泰国的双边合作

（1）政治层面

《奥巴马总统与英拉总理联合声明》。2012 年 11 月 18 日，美国总统奥巴马与泰国总理英拉在曼谷签订《奥巴马总统与英拉总理联合声明》（Joint Press Statement between President Barack Obama and Prime Minister Yingluck Shinawatra）。主要内容包括如下几点：第一，强调泰国是美国在亚洲最古老的条约盟友，两国之间的联盟在于民主、法制、普遍人权，以及对开放社会和共同市场的承诺；第二，对美国国际开发署与泰国国际开发合作署签署的《双边合作谅解备忘录》表示欢迎，以支持该地区国家的人力资源开发；第三，两位领导人一致认为，非传统挑战需要泰国和美国密切合作，解决全球关注的核安全、气候变化、救灾和野生动物贩运等问题；第四，领导人对首尔核安全峰会的成果表示欢迎，并承诺继续共同应对核威胁，包括通过参与"打击核恐怖主义全球倡议"；第五，两位领导人欢迎召开贸易与投资框架协议联合理事会的计划，该理事会将作为这一伙伴关系经济合作的基础。①

① The White House, "Joint Press Statement between President Barack Obama and Prime Minister Yingluck Shinawatra," November 18, 2012, https://obamawhitehouse.archives.gov/the – press – office/2012/11/18/joint – press – statement – between – president – barack – obama – and – prime – minister – .

2015 年《美利坚合众国与泰王国联合声明》。2015 年 12 月 16 日，泰国和美国的高级代表团在泰国曼谷举行了第五次美泰战略对话会议。会后双方发表了《美利坚合众国与泰王国联合声明》（Joint Statement on the Fifth Thailand – United States Strategic Dialogue），主要内容包括：第一，双方承认泰国的地区领导地位和美国对地区和平与稳定所做的重要贡献。第二，美国重申支持东盟在亚太区域架构中的核心地位。第三，双方讨论了如何加强在"湄公河下游倡议"（LMI）、东亚峰会（EAS）和东盟—美国战略伙伴关系等区域框架内的合作，以期应对共同挑战，促进该地区的稳定和繁荣。代表团指出有必要避免争议地区的军事化。双方还重申支持东盟和中国继续努力，全面有效地贯彻执行《南海各方行为宣言》，并努力尽快达成有效的行为守则（COC）。第四，双方都肯定其持久条约联盟及关系的战略重要性。第五，泰国和美国同意在 2016 年上半年在泰国举行的双边科技协议下举行第一次联合委员会会议。两国期待扩大贸易和投资关系，并同意下一轮根据"贸易与投资框架协议"的会谈于 2016 年尽快举行。①

2017 年《美利坚合众国与泰王国联合声明》。2017 年 10 月 2 日，美国与泰国发表《美利坚合众国与泰王国联合声明》（Joint Statement between the United States of America and the Kingdom of Thailand），在政治层面主要涉及的内容包括：第一，重申美泰之

---

① Ministry of Foreign Affairs of the Kingdom of Thailand，"Joint Statement on the Fifth Thailand – United States Strategic Dialogue，" December 16, 2015, http：//www. mfa. go. th/main/en/media – center/14/63045 – Joint – Statement – on – the – Fifth – Thailand – United – State. html.

间持久联盟的重要性，讨论双方共同致力于促进印度太平洋地区乃至其他地区的和平、安全与繁荣。第二，美泰领导人都认为，近两个世纪以来两国和两国人民之间长期的友谊和密切的合作，为进一步加强美泰关系奠定了坚实的基础。第三，美国总统特朗普代表美国人民对泰国国王普密蓬的逝世表示深切的哀悼，声称他在长达七十年的统治期间是美国真正的朋友。第四，两位领导人确认美泰之间强大而繁荣的联盟是由共同的利益和价值观支撑的。两位领导人分享了加强同心协力联盟的愿景，为实现共同繁荣建立更紧密的经济伙伴关系，以及不断拉近人与人之间的关系。①

（2）经济层面

《美泰友好条约》。1966 年 5 月 29 日，美国与泰国签订《美泰友好条约》，又称《美利坚合众国与泰王国友好和经济关系条约》（Treaty of Friendship and Economic Relations between the United States of America and the Kingdom of Thailand），为希望在泰国建立企业的美国公民提供特殊的权利和利益。此条约为美国提供了两大贸易优势：一是《美泰友好条约》允许美国公司持有位于泰国的大部分股份或整个公司、分支机构或代表处。二是美国公司可以像泰国公司一样从事商业活动，并且可以免除 1972 年《外国企业法》对外国投资的大部分限制。虽然《美泰友好条

---

① The White House, "Joint Statement between the United States of America and the Kingdom of Thailand," October 2, 2017, https://th. usembassy. gov/joint - statement - united - states - america - kingdom - thailand/.

约》提供了上述优势，但美国公民也受到条约规定的若干限制。《美泰友好条约》禁止美国投资者参与以下保留活动：通信、运输、信托功能、涉及存款职能的银行业务、土地所有权、开发土地或其他自然资源及国内本土农产品贸易。

《美泰双边贸易与投资框架协议》。2002 年 10 月，美国与泰国签订了《美泰双边贸易与投资框架协议》（Tradeand Investment Framework Agreement between the United States of America and the Kingdom of Thailand），主要内容包括：第一，希望进一步加强美国与泰国之间长达 150 年的友谊与合作关系。第二，注意到 1966 年美国与泰国之间签订的《美泰友好条约》对双方经济增长与发展所做出的宝贵贡献。第三，美国重申对泰国加入世界贸易组织将给予大力支持。第四，强调贸易和投资自由化对经济发展的巨大作用。第五，承认亚太经合组织对贸易和投资自由化、经济和技术合作的贡献。另外，此框架还对双方将要设立的委员会、机构、贸易投资要求等方面做出了说明。①

《美利坚合众国与泰王国联合声明》。2017 年 10 月 2 日，美国与泰国发表《美利坚合众国与泰王国联合声明》（Joint Statement between the United States of America and the Kingdom of Thailand），美泰两位领导人在声明中强调了美国与泰国之间长期互利的经济关系。第一，强调双方共同的愿望，即加强双边经济关

---

① Office of the United States TradeRepresentative, "Tradeand Investment Framework Agreement between the United States of America and the Kingdom of Thailand," October 7, 2002, https: //ustr. gov/sites/default/files/US － － Thailand％20TIFA. pdf.

系，通过扩大贸易和投资来发展各自的经济，这将为美国与泰国之间的商贸发展创造有利时机，并提供大量就业岗位。第二，强调自由和公平贸易对两国商贸发展的重要性，包括在亚太经济合作组织论坛上，有兴趣继续根据《美泰双边贸易与投资框架协议》进行讨论，以进一步促进其贸易关系，确保贸易平衡。第三，双方对泰国政府在加强知识产权保护和执法方面所取得的进展表示欢迎。第四，双方认识到 1966 年《美泰友好条约》的重要性，肯定了促进双边贸易和为双方企业创造有利条件的重要性。巴育总理对美国是泰国的主要投资者表示欢迎。特朗普总统欢迎来自泰国的公司增加在美国的投资，以及它为美国工人创造就业的潜在贡献。两位领导人对加强美国与泰国私营部门之间的标准合作表示欢迎。

（3）安全层面

《腊斯克—他纳联合声明》。冷战期间，美泰通过《东南亚集体防务条约》达成军事联盟，但是由于东南亚条约组织的脆弱性，泰国担心自身的安全得不到保障。截至 1962 年初，泰国政府对东南亚条约组织愈加不满，他纳再次威胁要退出该组织，并且公开抵制将于同年 4 月召开的东南亚条约组织部长理事会。面对此种情形，美国担心泰国真的退出该组织，便做出妥协，同意给予泰国正式的双边安全承诺。于是，1962 年，美国与泰国签订《腊斯克—他纳联合声明》（Joint Statement by Foreign Minister Thanat Khoman of Thailand and Secretary of State Dean Rusk of the United States of America），美国对泰国提供安全保证。声明中表示：

如果共产党武装进攻泰国，美国将切实履行条约义务，按照宪法程序采取行动解决问题。"国务卿还重申，这种义务并不依赖其他条约成员国的事先同意，因为这种义务既是单独的，也是集体的。"泰国在获取了美国对其安全的承诺后，增强了对美泰同盟的信心，双方关系因此更加紧密。①

《2012年泰美防务联盟共同愿景声明》。由于美国实施"亚太再平衡"战略，更加重视东南亚和东盟的作用，在奥巴马任期内美泰军事层面的合作得以重塑和强化。2012年11月15日，双方国防部长共同签署《2012年泰美防务联盟共同愿景声明》（2012 Joint Vision Statement for the Thai – U. S. Defense Alliance）。②这份声明就美泰军事合作的四个重要领域做出了具体的规划，从而在整体上深化美泰军事合作的程度，重申双方军事盟友的关系。主要内容为：第一，东南亚区域安全伙伴关系。在应对现代挑战方面，联盟通过各种举措和演习促进区域和多边安全合作，包括世界最大的多边军事演习——"金色眼镜蛇"联合军演。第二，支持亚太地区及其他地区的稳定。基于几十年的密切合作和相互信任，如今泰国—美国防务联盟具有全球影响力，能够使两国在东南亚及其他地区进行有效合作。第三，加强双边和多边互通性。美国支持泰国的国防现代化和训练要求，包括出售美国国防设备、国际军事教育和培训等。第四，加强各个层面的关系构

---

① 曹筱阳：《美泰同盟的合作形式、机制及前景》，《东南亚研究》2015年第5期，第51页。

② 曹筱阳：《美泰同盟的合作形式、机制及前景》，《东南亚研究》2015年第5期，第52页。

建、协调与协助。美国和泰国强调从部长级磋商到军事讨论，以及个别军事交流在内的各级双边防务关系的重要性。①

《美利坚合众国与泰王国联合声明》。在 2017 年 10 月 2 日发布的《美利坚合众国与泰王国联合声明》（Joint Statement between the United States of America and the Kingdom of Thailand）中，安全层面强调的主要内容为加强联盟合作以实现共同安全。第一，美泰两位领导人强调，他们的历史性联盟是支持印度太平洋和平与稳定的一个关键特征，并决心通过广泛的措施进一步加强联盟以确保它继续帮助塑造该地区的未来。第二，在《2012 年泰美防务联盟共同愿景声明》的基础上，两位领导人高度赞扬继续努力推动其联盟，并且欢迎军事合作和联合演习。第三，认识到泰国在促进区域和平与安全、支持以东盟为中心的区域架构方面的主导作用，两位领导人讨论了一系列安全问题，包括：（1）强调和平稳定的南中国海的重要性，同意需要采取合作的方式来确保和平、稳定和可持续的南中国海。（2）朝鲜半岛。对朝鲜 2016 年数量空前的核试验和弹道导弹试验表示严重关切，敦促有关各方严格执行联合国安理会所有有关决议，以实现朝鲜半岛和平、稳定和无核化。（3）若开邦的情况。讨论了缅甸若开邦的局势以及需要以协调的方式迅速向受影响社区提供人道主义援助。第四，承诺加强双边和地区合作，推动美国与东盟战略伙伴关系发展。第五，双方决

① "2012 Joint Vision Statement for the Thai – U. S. Defense Alliance," November 15, 2012, https：//www.globalsecurity.org/military/library/news/2012/11/mil – 121115 – dod01. htm.

心加强情报共享和执法培训，充分利用曼谷的国际执法学院（IL-EA）建立网络，加强印度—太平洋执法官员之间的协调。[①]

2. 美国与越南的双边合作

（1）政治层面

《美越联合愿景声明》。2015 年 7 月，美国与越南发表《美越联合愿景声明》（United States – Vietnam Joint Vision Statement），表明美国与越南的合作关系日益友好和全面。这一伙伴关系凸显了美国对亚太地区长期的承诺。主要内容包括：第一，美国和越南认可两国建立外交关系 20 年以来在许多领域达成的积极实质进展，特别是在经贸合作、战争遗留问题以及防务、科教、医疗、环境、气候变化和人权等问题上的合作。第二，两国将继续在遵守《联合国宪章》和国际法，尊重各自的政治制度与独立、主权和领土完整的基础上发展可持续的实质关系。第三，再次强调将继续《国防关系联合愿景声明》中所体现的防务和安全双边合作，如海事安全、海事领域意识、防务贸易等方面。第四，两国将与其他国家密切协调，预计将达成 TPP 协定，并表示会采取改革以满足 TPP 协定所规定的高标准。第五，美越两国都对中国南海最近紧张局势加剧、信任破损、和平危机、局势不稳的情况表

[①] The White House, "Joint Statement between the United States of America and the Kingdom of ThailandStronger Alliance for Common Security and Closer Economic Partnership for Common Prosperity," October 2, 2017, https：//th. usembassy. gov/joint – statement – united – states – america – kingdom – thailand/.

示关切。两国支持以符合国际法的方式解决争端（包括 1982 年
12 月 10 日签署的《联合国海洋法公约》所提及的方式），并意识
到全面彻底执行《南海各方行为宣言》的重要性以及完成《南海
各方行为准则》工作的必要性。①

《美利坚合众国和越南社会主义共和国联合声明》。特朗普于
2017 年 11 月 11～12 日对越南河内进行了国事访问，与越南总统
签订了《美利坚合众国和越南社会主义共和国联合声明》（Joint
Statement between the United States of America and the Socialist Re-
public of Vietnam）。在声明中，两位领导人讨论了基于相互理解
和共同利益，促进印度太平洋地区和平、合作、繁荣和安全的共
同愿望，扩大两国之间的全面伙伴关系。双方领导人在双方以往
联合声明的基础上重申承诺深化关系，尊重《联合国宪章》和国
际法，以及各自的独立、自主、主权、领土完整和政治制度。②

（2）经济层面

《美利坚合众国和越南社会主义共和国贸易协定》。2000 年 7
月 13 日，美国与越南签订《美利坚合众国和越南社会主义共和
国贸易协定》（Agreement Between the United States of America and

---

① 《美越发表联合愿景声明 声称"共同关注南海紧张局势"》，网易新闻，2015 年
7 月 8 日，http：//news. 163. com/15/0708/14/AU0QVMNP000146BE. html。

② The White House, "Joint Statement between the United States of America and the So-
cialist Republic of Vietnam," November 12, 2017, https：//www. whitehouse. gov/
briefings – statements/joint – statement – united – states – america – socialist – repub-
lic – vietnam.

the Socialist Republic of Vietnam on Trade Relations）。主要内容包括：第一，希望建立和发展互惠互利、平等的经贸关系；在相互尊重各自独立和主权的基础上进行贸易关系；承认采用和遵守国际贸易规范和标准，各方的标准将有助于发展互惠互利的贸易关系，而且应该成为这些关系的基础。第二，由于越南是一个低发展水平的发展中国家，并且正处于经济转型过程中，正在逐步融入区域和世界经济，其中包括加入东盟、东盟自由贸易区（AFTA）和亚太经济合作组织，并为成为世界贸易组织的成员而努力。第三，同意经贸关系和知识产权保护，这是加强双边关系的一个重要和必要的因素；确信双方之间的贸易关系协议将最好地发挥作用，实现双方的共同利益。①

《美越贸易投资框架协议》。2007 年 7 月 3 日，美国与越南签订《美越贸易投资框架协议》（Trade and Investment Framework Agreement Between the Government of the United States of America and the Government of the Socialist Republic of Vietnam）。主要内容包括：第一，双方致力于增进友谊与合作关系，扩大贸易规模，在平等、互惠的基础上拉近两国经济关系。第二，双方共同承认加快建设一个开放、公正投资环境的重要性。第三，双方将努力提高管理，消除国际贸易中存在的行贿、腐败现象。第四，双方认识到国内外私人投资的重要性，在不远的将来，会创造大量就业

---

① Investment Policy Hub, "Agreement Between The United States of America and the Socialist Republic of Vietnam on Trade Relations," July 13, 2000, https：//ustr. gov/sites/default/files/US – VietNam – BilateralTradeAgreement. pdf.

岗位、扩大贸易规模并促进科技与经济的发展，提高生活质量。①

《美越和平利用核能协议》。2014 年 5 月 6 日，美国与越南官员正式签署了《美越和平利用核能协议》（Vietnam – U. S. Cooperate in Peaceful Use of Nuclear Energy），标志着两国迈出了在该领域建立双边互信关系的重要一步。② 此次签署协议的目的是加强美越之间的核能研发，并在东南亚国家之间的应用与培训建立法律框架。

（3）安全层面

《推进双边防务合作谅解备忘录》。2011 年 9 月，美国与越南共同签署《推进双边防务合作谅解备忘录》（Memorandum of Understanding on Promoting Bilateral Defense Cooperation），明确了五个优先合作的领域，分别为维和行动、人道主义救援、海上安全、搜救、国防院校和科研机构交流。③

《国防关系联合愿景声明》。2015 年 5 月底，美国国防部长阿什顿·卡特与越南国防部长冯光青签订《国防关系联合愿景声明》（Joint Vision Statement on Defense Relations），声明的目的是加强越南

---

① Investment Policy Hub, "Trade and Investment Framework Agreement Between the Government of the United States of America and the Government of the Socialist Republic of Vietnam," https：//ustr. gov/sites/default/files/US – VietNam – BilateralTradeAgreement. pdf.

② 《越南和美国签署核能协议》，中华人民共和国驻胡志明市总领事馆经济商务室，2014 年 5 月 7 日，http：//www. mofcom. gov. cn/article/i/jyjl/j/201405/20140500576062. shtml。

③ 信强：《美越安全合作的发展及其影响因素》，《国际问题研究》2014 年第 6 期，第 62 页。

与美国人民之间的友谊，促进了解与互信，深化两国全面伙伴关系，为维护东南亚和亚太地区的和平及稳定做出努力。声明重点关注六个方面，分别为人道主义合作、战争遗留问题、海上安全、维和、人道主义援助和救灾。主要内容包括：第一，双方将在处理战争遗留方面加强合作，加强各级代表团互访、对话、磋商等；第二，在搜救、克服自然灾害、参加联合国维和行动、海上安全等方面加强经验分享；第三，美国与越南应在尊重各自国家政治体制、独立、主权、领土完整及法律、不损害他国国家安全的基础上，在各种国际多边论坛上进行商议。①

3. 美国与柬埔寨的双边合作

（1）经济层面

《美利坚合众国和柬埔寨王国贸易关系及知识产权保护协定》。1996年10月4日，美国与柬埔寨在华盛顿签订《美利坚合众国和柬埔寨王国贸易关系及知识产权保护协定》（Cambodia Trade Relations & Intellectual Property Rights Agreement）。主要内容包括：第一，美国与柬埔寨申明市场经济制度的演变和私营部门的增加将有助于发展互利贸易关系；第二，承认知识产权保护对经济发展和增长的重要性；第三，贸易关系的发展以及双方国民和公司之间的直接接触将促进开放和相互理解；第四，考虑到双方之间扩大的贸易关系将有助于各方人民的普遍福祉，承认经济关系是加强两国关系的一个重要因素；第五，相信双

①《越美签国防关系联合声明》，搜狐网，2015年6月2日，http：//www.sohu.com/a/17282036_ 115428。

方就双边贸易关系达成的协议最符合双方的利益。①

《美国—柬埔寨贸易与投资框架协议》。为了推动发展美国与柬埔寨之间的贸易与投资关系，2006 年 7 月 14 日，美国贸易副代表巴蒂亚与柬埔寨商业部长占蒲拉西签署《美国—柬埔寨贸易与投资框架协议》（Trade and Investment Framework Agreement between the United States and Cambodia）。该协议将促进美柬之间的贸易与投资合作，并为解决双边贸易摩擦提供一个途径。在此框架协议下，美柬两国首先就扩大双边贸易与投资的方式进行讨论，其次商议了知识产权、贸易便利化和海关问题，最后就柬埔寨履行世贸组织承诺情况进行磋商。②

4. 美国与老挝的双边合作

（1）政治层面

《美利坚合众国与老挝人民民主共和国联合声明》。2016 年 9 月 6 日，美国与老挝发布《美利坚合众国与老挝人民民主共和国联合声明》（Joint Declaration between the United States of America and the Lao People's Democratic Republic）。主要内容包括：第一，双方领导人确定美国与老挝人民民主共和国之间的全面伙伴关

---

① Enforcement and Compliance, "Cambodia Trade Relations & Intellectual Property Rights Agreement," October 6, 1996, https：//tcc. export. gov/Trade_ Agreements/All_ Trade_ Agreements/exp_ 002794. asp.

② 邢和平：《柬埔寨：2006~2007 年回顾与展望》，《东南亚纵横》2007 年第 4 期，第 6 页。

系。他们认为美国与老挝全面伙伴关系原则主要包括尊重《联合国宪章》、国际法以及彼此的政治制度、独立、主权和领土完整。第二，两国领导人承诺加强各级高层交往和接触，加强对话合作机制。奥巴马总统肯定了美国对老挝独立、主权、繁荣和融入国际社会的支持。老挝领导人对美国加强在亚太地区的合作表示欢迎，认为这有助于该地区的和平、稳定和繁荣。第三，欢迎两国外交部长建立定期对话机制，鼓励两国政党相关实体之间的对话和交流。①

（2）经济层面

《美老贸易投资框架协议》。美国与老挝于 2016 年 2 月签署了《美老贸易投资框架协议》（Vietnam – U. S. Trade and Investment Framework Agreement）。主要内容包括：第一，双方致力于增进友谊与合作关系、扩大贸易、拉近经济关系；第二，双方共同承认加快建设一个开放、公正投资环境的重要性；第三，双方将努力提高管理，消除国际贸易中存在的行贿、腐败现象；第四，双方认识到国内外私人投资的重要性，在不远的将来，将会创造大量就业岗位、扩大贸易、促进科技与经济的发展；第五，承认加强贸易服务在两国经济中的重要性。

《美利坚合众国与老挝人民民主共和国联合声明》。在 2016 年签订的《美利坚合众国与老挝人民民主共和国联合声明》

---

① The White House, "Joint Declaration between the United States of America and the Lao People's Democratic Republic," September 6, 2016, https：//obamawhitehouse. archives. gov/the – press – office/2016/09/06/joint – declaration – between – united – states – america – and – lao – peoples.

（Joint Declaration between the United States of America and the Lao People's Democratic Republic）中，美国与老挝两国领导人认识到在追求经济发展和维护国际劳工标准的同时保护弱势群体的重要性，包括打击雇用童工、强迫劳动和贩卖人口。此外，奥巴马总统欢迎老挝领导人承诺采取步骤维护国际劳工标准，这可能为美国在普惠制下给老挝的利益铺平道路。①

（3）安全层面

《美利坚合众国与老挝人民民主共和国联合声明》。2016 年 9 月 6 日，美国与老挝发布《美利坚合众国与老挝人民民主共和国联合声明》（Joint Declaration between the United States of America and the Lao People's Democratic Republic）。主要内容包括：第一，证实将通过年度双边防务对话和相关工作组继续在防务和安全方面进行合作，致力于扩大互利合作，以提高未爆弹头搜查和救灾能力；第二，双方强调加强在非传统安全事务合作方面的重要性，并确认加强合作打击恐怖主义，打击包括毒品、拐卖和野生动物贩运在内的跨国犯罪，并解决高科技犯罪和网络安全问题；②

---

① The White House, "Joint Declaration between the United States of America and the Lao People's Democratic Republic," September 6, 2016, https：//obamawhitehouse. archives. gov/the－press－office/2016/09/06/joint－declaration－between－united－states－america－and－lao－peoples.

② The White House, "Joint Declaration between the United States of America and the Lao People's Democratic Republic," September 6, 2016, https：//obamawhitehouse. archives. gov/the－press－office/2016/09/06/joint－declaration－between－united－states－america－and－lao－peoples.

第三，双方领导人致力于加强在东盟、东盟地区论坛（ARF）、东亚峰会（EAS）和东盟国防部长级会议等区域和国际论坛上的合作，以支持亚太地区的和平、稳定、合作与发展；第四，两位领导人重申支持按照国际法以和平方式解决争端，还重申在解决争端时不诉诸武力或使用武力。①

5. 美国与缅甸的双边合作

（1）政治层面

《美利坚合众国和缅甸联邦共和国和平共处的计划》。2014 年 11 月 11 日，美国与缅甸签订《美利坚合众国和缅甸联邦共和国和平共处的计划》（Plan for Peaceful Coexistence betweenthe United States of America and the Republic of the Union of Myanmar），两国政府都承认两国发展互惠互利双边关系的重要性。这份计划的内容包括：第一，关于美国和平队的行动。缅甸政府要求美国承担和平队的费用，和平队在缅甸的行动需要美国和缅甸共同批准；志愿者应在缅甸政府和私营组织的直接监督下工作，工作的地点由缅甸政府指定；缅甸政府应按照协议向和平队提供援助所适用的法律和法规；美国政府应提供培训以实现志愿者以最有效的方式执行任务。第二，关于和平军的待遇问题。对于志愿者和履行和

---

① The White House，"Joint Declaration between the United States of America and the Lao People's Democratic Republic," September 6, 2016, https：//obamawhitehouse. archives. gov/the – press – office/2016/09/06/joint – declaration – between – united – states – america – and – lao – peoples.

平队职能的人员，缅甸政府应该给予公平的待遇，并且根据此协议给他们的家属以充足的财产援助与保护。另外，该项协议还就和平军税率、保险等问题做出了安排。①

《美利坚合众国与缅甸联邦共和国联合声明》。2016 年 9 月，缅甸联邦共和国主席昂山素季在对美国进行国事访问时，与美国总统奥巴马召开会议，双方发表《美利坚合众国与缅甸联邦共和国联合声明》（Joint Statement between the Republic of the Union of Myanmar and the United States of America），在此声明中，两位领导人都评论了过去五年来缅甸发生的巨大变化。两位领导人都指出，缅甸的转型使双边关系发生了戏剧性的变化，为两国的互利合作创造了机会。美国表示将继续支持缅甸努力发展国内机构以促进法治，并将与缅甸和东盟的其他合作伙伴密切合作。②

（2）经济层面

《美缅贸易与投资框架协议》。2013 年 5 月 21 日，美国与缅甸签署《美缅贸易与投资框架协议》（Trade and Investment

---

① Office of the United States Trade Representative Agreement, "Between the United States of America and Myanmar," November 14, 2014, https：//www. state. gov/documents/organization/236385. pdf.

② The White House, "Joint Statement between the Republic of the Union of Myanmar and the United States of America", September 14, 2016, https：//obamawhitehouse. archives. gov/the – press – office/2016/09/14/joint – statement – between – republic – union – myanmar – and – united – states – america.

Framework Agreement between the Government of the United States of America and the Government of the Republic of the Union of Myanmar），此协议为两国政府以贸易与投资议题为主题，搭建了一个对话与合作的平台。① 在协议中，美缅两国就尊重、促进和落实各自法律的重要性达成共识。美国强调了对劳工权利议题的重视。②

《美利坚合众国与缅甸联邦共和国联合声明》。在《美利坚合众国与缅甸联邦共和国联合声明》（Joint Statement between the Republic of the Union of Myanmar and the United States of America）中。在经济层面的主要内容包括：第一，美国和缅甸承认双方共同关心加强双边经济交往，并就影响双边投资流动和外国投资的法律和方法交换意见。第二，美国和缅甸认识到小型和不断发展的企业在支持包容性经济增长方面的重要作用。美国计划与当地五家小额信贷机构签署贷款担保协议，为缅甸小型企业提供超过 1000 万美元的贷款支持，并为缅甸社区提供就业机会。③

---

① 《美国与缅甸签署贸易与投资框架协议》，新华网，2013 年 5 月 22 日，http：//news. 163. com/13/0522/05/8VF5O8UU00014JB5. html。

② 《美国与缅甸签署贸易与投资框架协议》，中国商网，2013 年 5 月 22 日，http：//www. zgswcn. com/2013/0522/171639. shtml。

③ The White House, "Joint Statement between the Republic of the Union of Myanmar and the United States of America," September 14, 2016, https：//obamawhitehouse. archives. gov/the – press – office/2016/09/14/joint – statement – between – republic – union – myanmar – and – united – states – america.

附表 1－1　美国与湄公河国家签订多边与双边协定

签订时间	名称
2009 年 7 月	《东南亚友好合作条约》
2010 年 7 月	"湄公河下游倡议"
2012 年 11 月	《奥巴马总统与英拉总理联合声明》
2015 年 12 月	《2015 年美利坚合众国与泰王国联合声明》
2017 年 10 月	《2017 年美利坚合众国与泰王国联合声明》
1966 年 5 月	《美泰友好条约》
2002 年 10 月	《美泰双边贸易与投资框架协议》
1962 年 3 月	《腊斯克—他纳联合声明》
2012 年 11 月	《2012 年泰美防务联盟共同愿景声明》
2015 年 7 月	《美越联合愿景声明》
2017 年 11 月	《美利坚合众国和越南社会主义共和国联合声明》
2000 年 7 月	《美利坚合众国和越南社会主义共和国贸易协定》
2007 年 7 月	《美越贸易投资框架协议》
2014 年 5 月	《美越和平利用核能协议》
2011 年 9 月	《推进双边防务合作谅解备忘录》
2015 年 6 月	《国防关系联合愿景声明》
1996 年 10 月	《美利坚合众国和柬埔寨王国贸易关系及知识产权保护协定》
2006 年 7 月	《美国—柬埔寨贸易与投资框架协议》
2016 年 9 月	《美利坚合众国与老挝人民民主共和国联合声明》
2016 年 2 月	《美老贸易投资框架协议》
2014 年 11 月	《美利坚合众国和缅甸联邦共和国和平共处的计划》
2016 年 9 月	《美利坚合众国与缅甸联邦共和国联合声明》
2013 年 5 月	《美缅贸易与投资框架协议》

附录二

奥巴马政府介入湄公河地区合作研究*

摘　要：作为世界地缘政治中的边缘地带和中南半岛的心脏地带，湄公河地区历来为兵家必争之地。自奥巴马政府高调宣示"重返东南亚"以来，一度遭到冷落的湄公河地区重新受到美国在亚太战略上的重视。奥巴马政府以"重返东南亚"为契机，以加大对湄公河地区的战略投入为杠杆，以积极介入湄公河地区合作为手段，试图恢复美国在湄公河地区的影响力。作为全球唯一的超级大国，美国在"重返亚太"战略的背景下，积极介入湄公河地区合作事宜，此举加剧了湄公河地区合作的竞争态势，复杂了地区形势，对中国亦造成了多重的影响。

关键词：奥巴马政府　湄公河地区　合作　影响

---

* 本文为 2013 年度教育部人文社会科学研究西部和边疆地区项目"美国对湄公河地区策略的调整及其对 GMS 合作的影响研究"阶段性研究成果。原文刊于《东南亚研究》2013 年第 6 期。

一 奥巴马政府介入湄公河地区合作的背景

美国介入湄公河地区合作的时间较早，可以追溯至 20 世纪 50 年代 "湄公河下游调查协调委员会"（MC）的筹建。1957 年 9 月，在 "联合国亚洲及远东经济委员会控洪局" 的推动下，泰国、老挝、柬埔寨和越南成立了 "湄公河下游调查协调委员会"，旨在合作开发水电项目、扩大土地灌溉面积、减少洪水威胁、延伸河流航道、解决湄公河流域国家广泛的贫困问题。① 美国作为 "湄公河下游调查协调委员会" 最初的赞助者，将此合作视为 "非共产主义国家维护其地区利益的一种方式"。② 20 世纪 60 年代卷入越南战争后，美国更加重视湄公河的战略地位。

与前任总统肯尼迪一样，约翰逊总统也认为，"美国帮助第三世界国家摆脱贫困和落后是赢得冷战的重要手段"。因此，美国于 1965 年 5 月带头为 "湄公河下游调查协调委员会" 在老挝的第一个优先开发项目南俄（Nam Ngum）水电站提供了一半的资金。约翰逊总统的态度极大地激发了湄公河流域内各国借对外合作来推动湄公河开发的热情。1965 年 1 月，"湄公河下游调查协调委员会" 筹措的运作资金仅有 7240 万美元，但截至当年底，"湄公河下游调查协调委员会" 运作经费已达 1.05 亿美元，一年

① 〔美〕杰弗里·W. 雅各布斯：《密西西比河与湄公河流域开发经验的比较》，朱晓红译，《水利水电快报》2000 年第 8 期。

② Ashok Swain, *Managing Water Conflict: Asia, Africa and the Middle East*, Routledge, 2004, p. 120.

期间增长了45%。① 截至1970年，美国是非流域国家中对"湄公河下游调查协调委员会"捐助资金最多的，仅1969年就捐助了3300万美元，是第二大非流域捐助国联邦德国的近2倍。② 在这个时期，"湄公河下游调查协调委员会"的职能也得到扩大，不仅涉及河流开发，还包括健康、教育、交通设施等方面，成为推动地区经济和社会变革的一支重要力量。当时的国际舆论普遍认为，"湄公河下游调查协调委员会"站在一个充满希望的起点上。③

然而，"印支战争"的不断升级渐渐打消了美国、联邦德国等捐助国的积极性，湄公河地区动荡的局势也阻碍了"湄公河下游调查协调委员会"的活动，战争使湄公河流域部分地区成为禁区。湄公河流域各国之间的相互猜忌与防范，也限制了它们之间的合作。与此同时，由于美国深陷越战泥潭，其国内也面临严重的政经危机，约翰逊总统被迫放弃了1968年的总统竞选。1969年1月尼克松就任美国总统后，美国的全球战略转向收缩，尼克松政府不再把东南亚地区视为美国实施"全球战略"的关键利益所在。④ 因此，从1970年开始，美国削减了对"湄公河下游调查

---

① Li Thi Tuyet, "Regional Cooperation In Southeast Asia: The Mekong Project," Ph. D. Dissertation, The City University of New York, 1973, p. 181.

② Jeffrey W. Jacobs, "The United States and The Mekong Project," *Water Policy*, Vol. 1, 1999, p. 591.

③ Jeffrey W. Jacobs, "Mekong Committee History and Lessons for River Basin Development," *The Geographical Journal*, Vol. 2, 1995, p. 142.

④ Frank C. Darling, "United States Policy in Southeast Asia: Permanency and Change," *Asian Survey*, Vol. 14, 1974, p. 608.

协调委员会"的援助。1975 年，随着越南南北统一、柬埔寨红色高棉的崛起以及老挝人民民主共和国的成立，美国最终停止了对"湄公河下游调查协调委员会"的直接援助。

美国再度对湄公河地区的重视是在中国、老挝、缅甸、泰国、柬埔寨、越南六国宣布建立大湄公河次区域经济合作（GMS）机制之后。GMS 合作于 1992 年由亚洲开发银行（ADB）发起，目前其成员包括柬埔寨、老挝、缅甸、泰国、越南和中国的云南省及广西壮族自治区。历经 20 余年的发展，GMS 合作取得了重要的成就，充分促进了成员国经济和社会发展，推动了次区域一体化进程，中国在湄公河地区的影响力也与日俱增。与此同时，美国在湄公河地区的影响力却日渐式微。2008 年奥巴马执政后，为了维护美国在湄公河地区的战略利益和战略目标，开始在湄公河地区推行更为积极务实的策略，全面介入湄公河地区事务，重视和发展美国与湄公河地区各国的关系，强调与"湄公河委员会"（MRC）①的协商与合作，总体上提升了湄公河地区在其全球战略中的地位，以期重新恢复美国在湄公河地区的影响力。

---

① 湄公河委员会（Mekong River Commission，MRC），是在 1957 年成立的"湄公河下游调查协调委员会"（MC）的基础上产生的。新湄公河委员会由三个常设机构组成，即理事会、联合委员会和秘书处。理事会由每个成员国派一名级别不低于司长级官员组成，每年至少举行两次会议；秘书处负责为联合委员会和理事会提供技术和行政服务，其工作在首席执行官（CEO）的领导下进行，而首席执行官的任免则由理事会决定。

二　奥巴马政府介入湄公河地区合作的目标

美国政治学家约瑟夫·奈曾在《美国的区域合作政策》一文中，将美国对全世界范围内的区域合作政策总结为出于四个主要利益方面的考虑："美国的区域影响力；围堵需要；经济发展需要；冲突预防和管理。"[①] 基于此，奥巴马政府介入湄公河地区合作主要有两重目的。其目的之一是"重返湄公河"，扩大美国在湄公河地区的政治影响力，并以此为依托，企图从西南陆地方向对中国构筑战略包围圈。约翰逊政府之后，美国减少了对湄公河开发计划的支持，只通过对流域国家的双边援助，或通过国际机构和跨国公司继续维持在该地区的影响力。进入新世纪以来，随着中国的迅速崛起，中国对周边国家和地区的影响在不断扩大，美国深感忧虑和压力，在其看来，中国虽无意称霸，但顾盼尊容之日确已到来，美国认为中国的崛起最终会挑战美国在亚太地区的霸主地位。[②] 因此，美国亟须拉拢湄公河地区各国来牵制中国的发展，维护美国在东南亚的领导地位，为美国"重返亚太"战略服务，湄公河地区因此重新被纳入美国地缘战略的视野。美国的湄公河地区政策亦由此前的消极漠视转变为对湄公河地区的积极投

[①]　Joseph Nye, "United States Policy Toward Regional Organizations," *International Organization*, Vol. 23, 1969, p. 723.

[②]　James Bellacqua, The China Factor in U.S. – Vietnam Relations, http://www.cna.org/sites/default/files/research/the% 20china% 20factor% 20in% 20us% 20vietnam% 20relations% 20drm – 2012 – u – 000184 – final. pdf.

入，大力发展与湄公河地区各国的关系，积极介入湄公河地区合作，借此来维护美国在湄公河地区的战略利益和削弱中国在湄公河地区的影响力，并发挥美国在湄公河地区事务中的主导作用。

其目的之二是在湄公河地区已成为亚太地区新兴经济区域的背景下，把湄公河地区打造成美国新的出口市场，从而为恢复美国经济助一臂之力。奥巴马上台正值美国遭受严重的金融危机之际，金融危机对美国的金融业和实体经济造成了严重的创伤，甚至危及美元的霸权地位。面对深重的金融危机，奥巴马政府大刀阔斧地采取了一系列的内政与外交改革，全力遏制危机的蔓延和深化。对内方面，奥巴马政府重点调整国家发展模式，加大政府对经济的宏观调控，积极推进绿色革命，提倡发展新能源，着力打造国家新的经济增长点；对外方面，奥巴马政府则将经济外交放在国家整体外交的突出位置，新兴经济体东盟成为新时期美国经济外交重点关注的对象之一。东盟是美国重要的贸易伙伴，特别是湄公河地区资源丰富、人口众多，经济发展潜力巨大，蕴含广阔的市场开拓前景。以越南为例，美越关系正常化以后，双边贸易额从 1995 年仅有的 4.5 亿美元发展到 2011 年的 170 亿美元，增长了近 40 倍。① 因此，加大美国与湄公河地区的经贸合作力度，大力开拓湄公河地区市场，这对奥巴马政府试图通过对外贸易来降低国内经济危机的影响是十分有必要的。总之，美国顺应经济发展和地区合作的时代趋势，采取了多边合作的方式，

---

① "Vietnams Relations with America are in Fact a Strategic Partnership," *Vietnam Net Bridge*, July 11, 2010.

即通过支持湄公河委员会等具有区域影响力的国际组织，运用经济和外交手段以最大限度地实现美国的国家利益。

三 奥巴马政府介入湄公河地区合作的进展

2009 年 7 月，美国国务卿希拉里与湄公河下游的泰国、越南、老挝和柬埔寨四国外长在泰国普吉举行了首届"美国与湄公河下游四国外长会议"，标志着奥巴马政府介入湄公河地区合作正式拉开了帷幕。为表达美方合作的诚意，奥巴马政府积极向国会争取到 1500 万美元，用于改善湄公河下游四国的食品安全。[①] 截至 2012 年底，"美国与湄公河下游四国外长会议"共举办了五届，"美国与湄公河下游四国外长会议"已经定期化、机制化，并将其定为东盟与对话伙伴国外长会议期间举行的年度会议。通过"美国与湄公河下游四国外长会议"，美国与湄公河地区国家启动了"湄公河下游倡议"以及由美国主导制订的"湄公河下游之友"（Friends of the Lower Mekong）行动计划，并达成了密西西比河委员会与湄公河委员会的合作协议。

如果说"美国与湄公河下游四国外长会议"是奥巴马政府介入湄公河地区合作的敲门砖的话，那"湄公河下游倡议"就是美国具体实施介入湄公河地区合作的手段。"湄公河下游倡议"是由美国国务卿希拉里于 2009 年首届"美国与湄公河下游四国外

---

① Anonymous, "Singapore Paper Views 'Renewed' US Attention in Southeast Asia," *BBC Monitoring Asia Pacific*, August 12, 2009.

长会议"所提出，其合作的重点是环境、卫生、教育和基础设施等领域。2010 年 3 月，负责东亚和太平洋事务的美国助理国务卿坎贝尔访问老挝，考察了"湄公河下游倡议"的实施情况，并向老挝提出了援助方案。① 同年，美国为湄公河流域的环境项目拨款 2200 多万美元，用以支持"湄公河下游倡议"项目的开展，其内容包括：开展一个为期三年的项目，协助湄公河下游四国合作发展战略，应对气候变化对水资源、粮食保障和居民生计的影响；开发"预测湄公河"（Forecast Mekong）这个预测性模型工具，用以显示气候变化和其他挑战对湄公河流域可持续发展的影响；资助一项湄公河下游诸国各大学进行的两年期研究项目，研究湄公河流域长期存在的有机污染源。② 在卫生和健康领域，美国为湄公河各国的健康项目提供总资金超过 1.47 亿美元的援助，重点集中在提高湄公河地区各国应对流行性传染疾病有关的培训、研究等能力的建设方面。在教育领域，美国为该区域提供的教育援助总额超过 1800 万美元，其支持的教育项目包括：美国—东盟论坛（US – ASEAN Forum），以湄公河地区为重点，邀请开发专家、政府官员、私营部门和捐助方分享在贫穷的山村地区普及互联网的可行性研究成果；国际访问者领袖计划（International Visitors Leadership Program），为该地区教育、环境和健康方面的

---

① 《美国拉拢老挝制衡中国越南关注》，2010 年 3 月 29 日，http：//news. 163. com/10/0329/13/62UP3BV1000146BC. html。

② Bureau of Public Affairs of the U. S. Department of State, *The U. S. and the Lower Mekong*：*Building Capacity to Manage Natural Resources*，http：//www. america. gov/st/energy – chinese/2010/January/20100107151756eaifas0. 6362813. html.

专家提供访问美国的机会，与同行探讨相关问题并建立区域性和国际性的工作联系；通过在当地设立奖学金支持英语培训，帮助参与"湄公河下游倡议"工作的专业人员提高他们在区域和国际范围内的交流沟通能力。① 2010 年，美国为"湄公河下游倡议"的花费逾 1.87 亿美元，但该项目的拨款并非来源于美国国会预算，而是源自美国国务院和情报机构的相关费用。②

2011 年，美国对"湄公河下游倡议"的投入增长到约 2.12 亿美元，与 2009 年的援助金额相比，增长 44%。③ 2012 年，美国决定向湄公河委员会提供 100 万美元的援助，用于研究湄公河上游水电站项目对湄公河生态环境的影响。④ 同年 12 月 20 日，美国总统奥巴马在柬埔寨首都金边出席东亚峰会期间，与"湄公河下游倡议"伙伴国即柬埔寨、老挝、缅甸、泰国和越南等国领导人举行了会晤，这是 2009 年奥巴马政府介入湄公河地区合作以来举行的最高级别会议，奥巴马承诺将加强与湄公河五国的交流与合作。⑤

---

① 李益波：《奥巴马政府对东南亚政策的调整及原因分析》，《太平洋学报》2010 年第 1 期。

② 《新设立的湄公河下游之友》，2011 年 10 月 25 日，http：//www.360doc.com/content/11/1025/13/7827152_ 159036186.shtml。

③ 《希拉里·克林顿国务卿在美国—湄公河下游部长级会议上的讲话》，美国国务院发言人办公室，2011 年 7 月 22 日，http：//iipdigital.usembassy.gov/st/chinese/texttrans/2011/07/20110722171527x0.75341.html。

④ 《湄公河下游国家与美国加强合作》，越通社，2012 年 7 月 14 日，http：//cn.vietnamplus.vn/18302.vnplus。

⑤ President Obama Meetswith Lower Mekong Initiative Leaders, November 20, 2012，http：//www.lowermekong.org/Partners.

四 奥巴马政府介入湄公河地区合作的成效分析

奥巴马上台以来，灵活运用"软实力"外交，利用湄公河地区各国的内部矛盾及他们对中国崛起带来的不确定性的顾虑，以开展湄公河地区合作为杠杆，顺利地以小成本成功"重返"湄公河地区。至 2012 年奥巴马访问缅甸前夕，美国基本完成了以全面性接触为特征的湄公河战略布局，奥巴马政府介入湄公河地区的合作收到了一定的成效。

借助湄公河地区开展的合作，美国与湄公河地区各国的高层交往日趋频繁，双边关系明显得到夯实和改善。2009 年 7 月，美国国务卿希拉里访问泰国，并参加东盟地区论坛，这不仅充分显示了美国对湄公河地区事务的重视，还有效地巩固了美国与中南半岛地区传统盟友的关系；在加强与传统盟友泰国关系的同时，美国还积极发展与老挝、柬埔寨和越南等国的友好合作关系，美国的外交努力使美国与老挝、柬埔寨的关系得到进一步改善，两国不再是美国外交决策者"遗忘的角落"；美国还通过加强与越南的政治、军事、经济关系来拉拢越南制衡中国，分散中国对湄公河事务的注意力，为其"重返湄公河"铺平道路。对于昔日的宿敌缅甸，美国则以缅甸的民主转型为契机，不断调整对缅政策，以"湄公河下游倡议"合作框架为手段，于 2012 年成功吸纳缅甸为"湄公河下游倡议"的成员国，积极改善了美缅关系。2012 年 11 月奥巴马总统还历史性地对缅甸实现了"破冰之旅"，2013 年 5 月缅甸总统吴登盛也成功对美国实现了回访。缅甸的外交越来越显示出在中美之间寻求平衡的发展势头，完全改变了此前向中国一边倒的外交倾向。

美国还以介入湄公河地区的合作为名，与湄公河地区各国建立了多种合作交流机制。从 2009 年开始至今，奥巴马政府已经与湄公河各国建立了"美国与湄公河下游四国外长会议""湄公河下游倡议""湄公河下游之友外长会议""湄公河委员会与密西西比河合作"四个交流及合作机制，基本完成了在湄公河地区合作机制的建设，为其在湄公河地区进一步施展影响力提供了多个平台。随着美国在湄公河地区多个交流机制的建立及资金的不断投入，美国在湄公河地区开展的合作博得了湄公河各国政府不同程度的认同，美国在一定程度上改变了以往"口惠而实不至"的形象，避免了美国在湄公河地区事务中继续被边缘化，提升了美国在该地区的影响力。

五 奥巴马政府介入湄公河地区合作对中国的影响

奥巴马政府介入湄公河地区合作后，对大湄公河次区域各国的形势发展都造成不同程度的影响，其中影响最大的自然是中国。在政治层面，奥巴马政府以开展湄公河地区合作为名，加大对湄公河地区事务介入的力度，增强了美国在湄公河地区事务中的发言权，这给中国与湄公河地区各国发展良好的关系带来一定的挑战。作为目前全球唯一的超级大国，美国的强势回归为湄公河五国实行"大国平衡"战略提供了可乘之机。美国则充分利用湄公河地区各国对中国崛起的担心和不信任，不断拓展与湄公河地区各国的关系，包括政治、经济与军事关系，进而拉近美国与湄公河地区各国之间的距离。在美国看来，应该在中国还未建立牢固的湄公河地区后院时，快速插足、分化湄公河地区各国，拉拢湄公河地区各国与美国的合作，以阻止继续出现湄公河地区各国倾向于中国的局面。① 比如，美国利用湄公河下游国家对中国在湄公河上游（澜沧江）修建梯级大坝的戒备心理，将湄公河下游地区作为其东南亚陆地外交的重点，通过加强湄公河下游各国的关系来离间中国与湄公河地区各国的关系。② 虽然美国不时宣称其无意在东南亚地区与中国对抗，但事实上，美国介入湄公河地区事务确有遏制中国、扩大美国自身影响力的意图。美国积极介入湄公河地区合作，在一定程度上离间了中国与湄公河地区各国的关系，湄公河五国的"等距离"外交给中国与湄公河地区五国关系向深度发展带来了一定的挑战。

在经济层面，奥巴马政府倡导的以"湄公河下游倡议"为主的合作机制与中国和湄公河五国开展的 GMS 合作机制形成明显的竞争态势，影响了中国与湄公河五国区域合作的正常开展。奥巴马倡导的"湄公河下游倡议"的合作多以保护和修复湄公河地区的生态环境、发展当地的公共卫生和教育事业、兴建当地的公共

① Felix K. Chang，"The Lower Mekong Initiative & U. S. Foreign Policy inSoutheast A-sia：Energy，Environment & Power，"*Orbis*，Vol. 57，Issue 2，2013，http：// www. fpri. org/articles/2013/04/lower - mekong - initiative - us - foreign - policy - southeast - asia - energy - environment - power.

② Richard Cronin and Timothy Hamlin，*Mekong Turning Point：Shared River for a Shared Future*，January 2012，The Henry L. Stimson Center，p. 49.

设施等为主要内容，更加注重扩大美国政府在湄公河五国基层的影响力，为美国政府在湄公河地区树立了一个较好的表面形象。与此相对应的是，中国与湄公河地区各国开展的 GMS 合作虽然客观上推动了湄公河五国的经济发展，但这种合作多以耗费不可再生资源为主要内容的资源消耗型合作，加之部分中资企业对保护当地生态环境的意识较为淡薄，给一些湄公河地区当地民众造成了不良印象。而美国政府也正好利用这种合作内容上的反差，煽动一些不明真相的当地群众来抵制中国与湄公河地区各国开展的合作。在美国幕后的推波助澜下，湄公河地区的一些政治团体和社会团体不断以生态保护和环境保护为名，要求抵制中国在湄公河地区开展的一些经济合作。密松水电站项目搁浅，莱比塘铜矿在建设进展中遭遇抗议声不断，中缅油气管道受到当地不明真相群众的冲击，即是典型的案例。此举增加了中国参与 GMS 合作的成本，影响了中国与湄公河五国经济合作的正常开展，不利于中国参与湄公河地区事务。

在安全层面，奥巴马政府以柔性外交手段强势介入湄公河地区事务，加快了美国构筑围堵中国包围圈的步伐，复杂了中国西南周边的地区形势，对中国的西南安全造成无法忽视的潜在威胁。湄公河地区的得失与否不但影响到中国西南周边地区的形势变化，亦直接关系到中国西南门户的安全。在 1840 年以前，中国正是逐渐失去了西南境外的这些安全屏障，使殖民者觊觎中国有了立足点。此后西方殖民者逐渐溯洋北上，直至中国沦为半殖民地。奥巴马政府在湄公河地区的布局遵循的是一个渐进与不断扩展的过程，从"重返湄公河"到"亚太再平衡"战略，从生态环境保护、教育卫生等领域渐次扩展到与湄公河地区各国的安全合作。经过四年多的经营，奥巴马政府在湄公河地区的战略效应开始逐渐显现，整个湄公河地区国家都逐渐被美国以介入湄公河地区合作的策略所绑架，湄公河地区成为美国遏制中国崛起的一个重要的战略桥头堡。例如，越南和缅甸的地缘位置对中国的西南安全的重要性不言而喻，美国除了在经济上有针对性地不断扩大与越南、缅甸的合作外，在安全领域也是见缝插针。在美国的努力推动下，美越关系正在向事实上的战略伙伴关系演进。与此同时，美国也在极力拉拢缅甸开展安全合作。奥巴马政府布局湄公河地区，一方面，遏制了中国在湄公河地区影响力的发挥；另一方面，美国在亚太地区海洋上已占据绝对优势的前提下，由海及陆，拉拢湄公河地区各国，不断扩大美国在湄公河地区的影响力，强化对中国的战略围堵。营造稳定的周边环境，深化中国与周边国家的政治互信和友好合作，确保中国的长远战略利益，这是中国实施周边外交政策的首要目的。美国介入湄公河地区合作，复杂了中国西南周边的地区形势，使中国在湄公河地区的外交努力大打折扣，也将直接影响到中国"桥头堡战略""两洋战略"的顺利实施和西南能源通道的安全，不利于中国发展西南地区经济、改善西南少数民族地区的民生、维护西南边疆少数民族地区的安全与稳定。

结　语

奥巴马政府对湄公河地区合作的介入是在世界战略重心东移

的大背景下进行的，它是美国实施"巧实力"外交实践的重要舞台，是美国"重返亚太"战略的一个重要环节。奥巴马"重返湄公河"使湄公河地区的局势变得复杂起来，对中国与湄公河各国之间的关系造成不利影响，给中国做好周边地区外交工作、维护西南边疆地区的稳定带来一定的挑战。湄公河地区是中国的近邻，是中国周边外交、地区外交以及多边外交实施的重要舞台，中国应加强与湄公河流域各国的沟通、协调，为进一步加强 GMS 合作营造一个稳定的环境，以抵制美国利用湄公河流域国家对中国形成战略包围的企图。中国与湄公河地区各国发展全面、深入的合作关系有利于中国构建长期和平发展的环境，而且中国与湄公河地区各国之间经贸联系紧密，对中国经济的发展有着较大的推动作用。中国应该继续深化与湄公河地区各国在经济领域方面的合作，同时要适时适度地推进与湄公河地区国家的政治互信建设。此外，中国在维护自己的合法权益上，一定要立场坚定，对部分国家的不友好行为进行有礼有节地斗争，避免对湄公河地区各国的政策呈现单一化、片面化。唯有如此，中国才能确保西南周边地区的繁荣、安全与稳定，从而为中国建设面向西南开放的"桥头堡"创造更为有利的外部环境，以期实现"两洋战略"的长远目标。

附录三
冷战后的美越关系与中国因素研究[*]

摘　要：近期，美越关系正在向事实上的"战略伙伴关系"迅速迈进。虽然美越关系的提升系各取所需，双方共同防范中国的意图却不言而喻。因此，中国因素在一定程度上"助推"了美越双边关系的发展。但鉴于中国在美国和越南各自对外关系中的分量，中国因素又在一定程度上限制了美越关系的深度发展。冷战后美越这对实力悬殊的双边关系，总体上体现了国际关系中明显的实用主义。

关键词：冷战后　美越关系　中国因素

一　正常化后的美越关系发展

尽管从 1975 年开始越南战争就已成为越南历史上的一页，越

＊ 本文为 2013 年度教育部人文社会科学研究青年基金项目"美国对湄公河地区策略的调整及其对 GMS 合作的影响研究"（项目编号：13XJCGJW001）阶段性研究成果。原文刊于《保山学院学报》2014 年第 3 期。

南也借此实现了南北统一，但美越两国仍然历经了长达 20 年的敌对状态。1995 年，两国终于迎来了双边关系正常化的转机。尽管如此，美越两国冰释前嫌的进展在迈入 21 世纪以前却并非一帆风顺，双方甚至因为民主、人权、价值观、越战后遗症等众多问题而龃龉不断。但进入 21 世纪以来，美越关系开始突飞猛进。在政治上，美越两国不仅高层互访连连不断，而且双方还有意构筑"战略伙伴关系"。时任越南国家主席张晋创毫不隐讳地将美国视为"一个起着领导作用的战略伙伴"。① 美国则在 2011 年的《四年防务评估报告》中公开把越南视为"美国在亚太潜在的战略伙伴"。②

美越在政治上的关系迅速提升，也推动了美越双边经贸关系的快速发展。2000 年，美越双方签署了《美越双边贸易协定》，并于 2001 年 12 月生效；在 2005 年两国建交 10 周年之际，美国不仅表示支持越南加入世界贸易组织，还取消了越南纺织品出口配额，令越南对美出口开始以每年 20% 的速度递增；2007 年 1 月，美国国会批准给予越南永久性正常贸易对象国地位（PNTR），同年越南得以正式加入世界贸易组织。美越双边贸易额从 1995 年仅有的 4.5 亿美元，发展到 2011 年的 170 亿美元，

---

① Chù tich VN tham du hôi nghi Apec（〔越〕《越南国家主席参加亚太经合组织领导人会议》），http：//www.bbc.co.uk/vietnamese/vietnam/2011/11/111102_ sang_ hawaii.shtml，最后访问日期：2012 年 9 月 2 日。

② US Deparment of Defense， "Quadrennial Defense Review Report," http：// www.defense.gov/qdr/images/QDR_ as_ of_ 12Feb10_ 1000.pdf，最后访问日期：2012 年 8 月 15 日。

增长了近 40 倍。① 美国目前是越南最大的出口市场，也是最大的贸易顺差来源国。2012 年越南对美国的贸易顺差达 123 亿美元，而 2012 年越南的贸易逆差达 98.4 亿美元。② 美越经贸关系对平衡越南巨大的贸易逆差意义重大。越南还是目前美国极力推动的"跨太平洋伙伴关系协定"（TPP）的重点发展对象。

相对于美越的政治、经济关系迅速发展，美越两国的安全关系进展更为引人注目。两国不仅建立了战略对话机制及定期的国防部长级安全会议制度，美国还不断邀请越南军事人员赴美进行相关的军事技能培训。③ 仅在 2003 年至 2010 年，就有多达 14 批次的美国海军舰船访问了越南，其中包括"约翰·斯腾尼斯"号和"乔治·华盛顿"号两艘航母。④ 2011 年，美越两国海军还首次在敏感的南海地区举行了联合军演，同年 8 月，美国舰队在越战后首次访问了金兰湾。2012 年 4 月，美国第七舰队的"蓝岭"号、"查菲"号和"哨兵"号军舰访问了越南。⑤ 2013 年 4 月，

① "Vietnam's Relations with America Are in Fact a Strategic Partnership," *Vietnam Net Bridge*, July 11, 2010.

② 吕余生、王士威主编《中国—东盟年鉴 2012》，线装书局，2013，第 37 页。

③ Mark E. Manyin, "U. S. – Vietnam Relations in 2011: Current Issues and Implications for U. S. Policy," May 18, 2012, http://digital. library. unt. edu/ark:/67531/metadc86547/，最后访问日期：2012 年 9 月 5 日。

④ Brock A. Taylor, "USS John S. McCain Arrives in Vietnam to Commemorate 15th Anniversary of Diplomatic Relations," Official Website of the U. S. Navy, August 10, 2010, www. navy. mil/search/display. asp? story_ id = 55216，最后访问日期：2012 年 7 月 7 日。

⑤ 刘刚：《美国 3 艘军舰访问越南岘港》，人民网，2012 年 4 月 23 日，http://world. people. com. cn/GB/17727363. html。

美国海军导弹驱逐舰"钟云"号和救援舰"救难"号访问了越南中部城市岘港市仙沙港。① 美国海军应邀对越南的访问开始步入常态化。美越不仅加强了双边的军事交流，在敏感的武器出口问题上也正在缓步推进。例如，为了开启对越南军售的绿灯，美国特意修改了《国际武器交易条例》（ITAR），修改后的《国际武器交易条例》允许以个案和许可证贸易形式向越南出售非致命防御商品与服务。越南则要求美国提供越战期间缴获的美国军事装备配备零部件，帮助升级越战时期美国留下来的 UH－1 "休伊"直升机，以及出售防空系统和雷达等，甚至要求美方取消对越出售致命武器的禁令。② 更令外界强烈关注的是美越两国于 2010 年 3 月签署的《民用核合作谅解备忘录》，奥巴马政府不仅力破国会"美国在与其他国家签订民用核协议时会限制对方在本土提炼浓缩铀"这一规定，甚至还允许越南在其境内自行进行铀浓缩活动。③ 美越之间的《民用核合作谅解备忘录》不仅冲击了东南亚地区无核化的原则，引起了地区性的安全震荡，更标志着两国关系的发展已经达到了一个前所未有的高度。

　　美越迅速提升全面合作关系，正值美国高调"重返东南亚"、中越南海争端日趋紧张之际。如果说美越政治、经济关系的发展是

---

① 《美国海军军舰访问越南岘港市》，新华网，http：//news. xinhuanet. com/mil/2013－04/22/c_ 124615683. htm。

② Carlyle A. Thayer，" Vietnam's Defensive Diplomacy，" *Wall Street Journal*，August 19，2010.

③ 通常情况下，美国在与其他国家签订民用核协议时会限制对方在本土提炼浓缩铀这一要求。

顺应了时代发展需要的话，那美越两个实力无法相提并论的国家谋求"战略伙伴关系"、不断加强军事交流、提升安全合作，显然还有其他更为重要的考量。美越政经关系尤其是安全关系之所以能够在短期内得到迅速提升，显然受到了中国因素的影响。

二　中国在美越两国对外战略中的地位

中国是亚太地区的大国，近百年来无论是积贫积弱、遭受凌辱，还是独立自主、日益强大，都是其他大国和周边小国在处理与亚太地区关系时最主要的对象。冷战后，中国综合国力日臻强盛，影响力不断扩大，美国和越南在他们各自的对外战略中，都把处理与中国的关系放在突出的地位。

尽管冷战后美国成为唯一的超级大国，但"一超多强"的世界多极化趋势已经无可逆转。改革开放四十多年来，中国的战略性崛起已经使美国对外战略中的"中国因素"变得越来越重要。在政治上，美国实力不断衰落，其全球影响力大打折扣。相反，联合国却发挥着越来越重要的作用。中国作为联合国常任理事国之一，美国要在联合国实现其战略利益，离不开中国的理解与合作。时任美国驻联合国大使奥尔布赖特对此直言不讳："由于我们（美国和中国）拥有否决权，因此如果安全理事会要发挥作用，美国和中国在这个机构中的合作是至关重要的。"① 在经济上，中国是仅次于美国的全球第二大经济体，不仅拥有世界规模

① 美新署纽约 1995 年 9 月 20 日电讯。

第一的外汇储备，还是美国最大的债权国。① 中美经济具有很强的互补性。2011 年中美贸易额为 4467 亿美元之巨，创历史新高。美对华出口突破 1000 亿美元关口，达到 1222 亿美元，同比上升 20%，中美已互为第二大贸易伙伴。② 中美经济已经形成高度的相互依存关系。在军事方面，中国军队经过不断地现代化改装，实力早已今非昔比。在安全方面，无论是地区安全还是全球安全，美国都已经无法忽视中国日益增强的影响力。中国在国际安全领域作用和影响不断上升已使美国认识到，中美关系已经超越了单纯的双边关系的范畴，具有了地区意义和全球意义。从小布什政府冠以"战略竞争者"和"负责任的利益攸关者"来定位中国，到奥巴马以"应对共同挑战的伙伴""相互尊重、互利共赢的合作伙伴"之名对中美关系的重新定位，③ 都清楚地表明了中国在美国对外战略中地位的重要性。

作为越南最大的邻邦，中国历来都是越南制定对外战略和外交政策时需要考虑的重点对象之一。越南深受儒家文化影响，从

① 截止到 2012 年 5 月，中国持有美债总额 1.1696 万亿美元，位居全球第一，其次是日本，持有美债总额达 1.1052 万亿美元。《中国 5 月增持美债 52 亿美元，总额至 1.1696 万亿美元》，网易财经，http：//money.163.com/12/0717/21/86L5MDS800252G50.html，最后访问日期：2012 年 9 月 15 日。

② 刘欣、杨依军：《访商务部国际贸易谈判代表兼副部长高虎城》，新华网，http：//news.xinhuanet.com/world/2012－02/12/c_111515228.htm，最后访问日期：2012 年 7 月 27 日。

③ The White House，"National Security Strategy," May 2010，http：//www.whitehouse.gov/sites/default/files/rss_viewer/national_security_strategy.pdf，最后访问日期：2012 年 9 月 3 日。

古至今，中国都是越南学习模仿的最主要对象。长期以来，也正是中国人民对越南人民的无私支持，使越南获得了独立，实现了国家的统一。2012 年 7 月 28 日，时任越南国防部长冯光青表示"将时刻铭记中国在越南争取国家独立和民族解放斗争中给予的情真意切的巨大援助"。① 虽然越中两国关系经历不少波折，但在越南对外政策中，中越关系始终占有特殊重要的地位。冷战后，中国在越南对外战略中的地位有增无减。中越关系正常化之后，越南正是以对华关系为突破口，进而实现了与东盟、美国关系的正常化。1996 年 6 月底召开的越共八大总结过去五年外交工作时，首先列举的重要成就即"同中国恢复正常关系，并扩大友好关系和多方面合作"。② 冷战虽然结束，但国际共产主义运动并没有结束，中越两国仍然坚持共产党的领导，坚持走社会主义道路。与此同时，西方国家并未放松对社会主义国家"和平演变"的攻势，不断对社会主义国家的发展设置障碍。中国作为当今世界最大的社会主义国家，越南加强与中国的政治关系、加强两党的交流与沟通，在政治上有利于越南的社会稳定、巩固越南共产党的执政地位。中国在越南的政治安全中所起的作用是当今世界上任何一个国家都无法取代的。越南的革新也处处以中国为师，其国家战略和发展模式基本承袭了中国模式的衣钵。越南不断加

---

① Quân đôi VN mãi nhóon TQ《越南国防部长冯光青：越南军队永远铭记中国恩情》，http：//www.bbc.co.uk/vietnamese/vietnam/2012/07/120729_ pla_ celebrated_ vietnam. shtml，最后访问日期：2012 年 8 月 27 日。

② Văn kiên Đai hôi đai biểu toàn Quốc lần thứ VIII, NXB ChínhTri Quốc Gia,Hà Nôi, 1996《越南共产党第八次代表大会文件》，河内：国家政治出版社，1996）。

强与中国的经贸关系和技术合作，学习中国改革开放经验，中国
在越南的经贸中逐渐发挥越来越明显的作用。2008 年全球金融危
机爆发以来，欧美经济普遍低迷，中国经济却依然保持了强劲的
发展势头，加强与中国的经贸关系，对以出口型经济为主的越南
无疑是至关重要的。1991 年中越双边贸易额为 3200 万美元，
2011 年已突破 400 亿美元，增长 1000 多倍。中国目前是越南最
大的贸易伙伴国，也是最大的进口来源国。① 无论是从地缘政治
还是从地缘经济的角度而言，中国在越南国家总体发展战略中的
地位和作用都是不言而喻的。

三 美越间的相互利用和矛盾

尽管美越关系进展迅速，但是美越两个实力无法相提并论的
国家谋求"战略伙伴关系"，无法掩饰其相互利用的真实一面。
对美国而言，越南是当前美国建构单极世界不可或缺的一枚棋
子，保持同越南频繁的军事交流既是美国"重返东南亚"战略的
组成部分，亦是完善围堵中国的重要战略部署。美国"重返东南
亚"始于布什主政时期的反恐战争，布什政府借反恐之机，改善
并提升了与东盟国家的军事关系。但布什政府随后深陷伊拉克战
争，全球软实力大为受损，美国在东南亚的影响日渐式微。奥巴
马入主白宫后再次重申"重返东南亚"，以发展为特征塑造美国

---

① 吕余生、王士威主编《中国—东盟年鉴 2012》，线装书局，2013，第 37 页。

形象及扩大影响力。① 美国国会的听证会上和思想库的研究报告中清楚地表明了美国战略包围中国的战略考量及恢复美国在东南亚主导地位的意图。② 在美国看来，美国对来自中国的"威胁评估"已经从传统的意识形态争议以及双边关系中的结构性争议，转向美国眼中越来越具有挑战性的中国的"能力"和"意图"。③ 美国的"重返东南亚"战略明显包含了"防范和牵制中国"的意图。奥巴马政府抛弃了早已在全球饱受质疑的美国"单边主义"，以"巧实力"为手段不断拉拢中国的周边国家来围堵中国。美国之所以被越南所"吸引"，虽然与越南目前快速的经济发展和低廉的劳动力成本有一定关联，但更重要的显然是越南地缘位置的战略价值。越南地处中南半岛东部，北壤中国，西接老挝、柬埔寨，东、南两面临南海，扼守西太平洋交通要道，战略位置极为重要，历来为兵家必争之地。加强与越南的军事合作，不仅可以推动美越关系的全面发展，还可以带动和促进美国与其他东盟国家的合作。20 世纪末以来，美国政府再次重视"第一岛链战略"。为此，美越关系正常化后，美国一直寻求向越南方面租借金兰湾，以求实现韩国—日本—中国台湾—金兰湾"基地链"建设的

---

① 付瑞红：《美国东亚战略的中国因素（1989—2008）》，博士学位论文，中共中央党校，2010，第 123 页。

② David Lampton and Richard Daniel Ewing, *U. S. - China Relations in Post - September* 11*th World*, Washington , The Nixon Center, 2002, p.5; Rommel C. Banlaoi, "American Strategic Intentions in the War on Terrorism in Southeast Asia," *International Anti - Terrorism and Asia Pacific Security*, Wang Xinsheng et al., Guangzhou Center for Asia Pacific Studies, 2003, pp.1 - 64.

③ 泓佐：《美国重返亚太的战略考量》，《学习时报》2012 年 5 月 28 日，第 2 版。

设想，完善对中国的战略包围，为实现其称霸亚太的野心创造条件，与中国存在南海争端的越南自然成为美国布局谋篇的首选对象。美国不仅在海上不断加强与越南的关系，在陆地上美国也不断介入湄公河地区的合作，通过各种湄公河地区的合作机制加强与越南等国的合作，扩大美国在东南亚地区影响力。因此，加强与越南关系的实质是美国为"防范和牵制"中国争取更多的筹码。

对越南而言，发展美越关系既是越南融入国际社会的重要举措，也是顺应国家经济发展的必然要求。美国既是越南目前最大的出口市场，也是越南最大的投资国，拓展美越关系关乎越南的国计民生。越南对中国贸易中的巨额贸易逆差，正好可以利用美越贸易中的贸易顺差来得到适当的平衡。① 但越南积极发展美越关系，更有安全上的深度考量。尽管中越之间早已实现了关系正常化，但是越南依旧对中国缺乏信任。在其教科书中所描绘的与中国的关系史基本上是一部反抗中国"入侵"的抗争史。在现实中，中越两国的南海之争更是触发了其强烈的民族主义情绪。从20世纪70年代开始至今，越南共侵占了中国南海29个岛礁，基本上控制了中国南海西部海域。越南是海陆相间的国家，狭长国土缺乏战略纵深，横陈于越南整个东大门的南海乃其国家向外发展的命门所在。因此，越南国内始终有"失东海即亡国"之言

---

① 越南经济以出口型经济为主，但在外贸中出现连年逆差，中国是越南贸易逆差的最主要来源。2009年越南对中国的贸易逆差为115.54亿美元。贸易逆差问题也是导致中越两国矛盾的因素之一。

论。每当南海局势紧张之时，越南国内就会爆发强烈的反华示威游行。如此重要的战略地位和强烈的民意，迫使越南政府在涉及"主权"问题时，很少有进退回旋的余地。但越南深知即使东盟国家联合起来也无法平衡中国的力量，如果越南能够与美国建立安全合作关系，越南无形之中可以在争取对南海的控制权上增加筹码。此外，越南军事设施远落后于同时代的世界一流水平，加强与美国的军事合作，既可提高本国军队的现代化水平，亦可推动其军事变革的进程，以便在地区安全对话中增加更多的话语权。

但美越关系表面上发展迅速，却无法掩饰二者之间明显的矛盾和分歧。越战的遗留问题成为美越关系发展的障碍之一。越战遗留问题包括寻找越战失踪军人、消除化学毒剂贻害和排除遗留爆炸物等。虽然距越战结束已逾 40 年，但目前仍有 1800 多名美军下落不明，搜寻美军失踪人员已成为美越关系中的一项重要议题。对越南而言，越战更是让其深受其害。在整个越南战争期间，共有 300 万名越南人死亡、440 万人受伤。遭到"橙剂"喷洒的越南村庄共 3181 个，喷洒的面积占越南南方总面积的 10%，而受害的百姓多达 480 万人，其中包括 15 万名天生缺陷的受害者。①"橙剂"化学性质十分稳定，不易消减。越南政府在国际组织和美国等国的资助下，目前仅清除了占总面积 3% 的受污染地区。如何排除数以万吨的遗留爆炸物也是美越关系中的一道难

---

① Ha Bac，"Human Rights Watch Should Stop Distorting, Interfering Into Vietnam's Internal Affairs," *Tap Chi Cong San* （〔越〕《共产杂志》），July 28，2010。

题。在越战期间美军总共使用了 1500 多万吨炸弹、地雷和各种弹药，一部分在当时并未爆炸。目前，散落在越南境内的遗留爆炸物共约 80 万吨。这些遗留爆炸物不仅迫使许多越南人不得不随时面对死亡威胁，还成为越南经济发展中的一个巨大障碍，如果要完全清除这些遗留爆炸物，预计将耗资至少 100 多亿美元，耗时 100 年之久。① 这对于资金短缺、技术落后的越南政府而言是个巨大的挑战。美国虽然答应对化学毒剂和未爆炸物给予资金和技术上的支持，却进展缓慢，援助有限，而且美方至今仍不愿就越南战争做出正式道歉，并拒绝对越战所造成的危害给予赔偿。与此同时，美国在越南寻找其失踪士兵遗骨的工程每年却耗资约 1900 万美元。这种鲜明的对比不仅让越南人民感到愤慨并产生抵触心理，就连越南政府亦对美方在解决越战遗留问题上的合作颇有微词。

意识形态的分歧是困扰美越之间关系的另一个羁绊。尽管目前美国在不断提升同越南的关系，但并未全面放弃对越南的"和平演变"，几乎每年都会以民主和人权为由，干涉越南内政。美国的政要也经常将解除军售限制与越南的人权纪录挂钩。② 美国

---

① 何秀治:《越战炸弹遗害越南 100 年，战后 34 年难以摆脱阴影》，搜狐网，2009 年 7 月 7 日，http://news.sohu.com/20090707/n265051755.shtml，最后访问日期：2012 年 8 月 7 日。

② 在美国参议员约翰·麦凯恩和约瑟夫·利伯曼访问河内期间，越方开出了一张军购的"愿望清单"，但二者在新闻发布会上明确表示反对取消对越军售限制，除非越南改善人权记录。See Daniel Ten Kate, "Vietnam's US Arms Wishlist Hinges on Human Rights, McCain Says," *Bloomberg Businessweek*, January 21, 2012。

对越南民主和人权的抨击，以及美方对越南国内外持不同政见者的支持，使越南对美国发展美越关系的最终意图心存疑虑，"美国的最终目的是否为了推翻越南共产党的统治"，① "越南终究不过是美国亚太战略中的一颗地缘棋子"。因此，越南始终对发展美越关系保持一定的警惕。为此，越南政府不仅明确拒绝为素以"人权卫士"著称的国会女议员洛泽塔·桑切斯办理签证，还拒绝身为美国武官的帕特里克·里尔顿上校到美国驻越南大使馆任职，因为里尔顿是被美国家庭收养的越南人。事实上，美国国内对发展美越关系亦有不同的声音，《基督教科学箴言报》曾经公开表示，"美越关系过于接近，有损美国全球民主斗士的光辉形象"。美越关系正常化以来，社会制度和意识形态的差异并未因合作而抵消，反而因"斗争"而凸显，过去如此，今后亦然。

结　语

尽管美越之间有众多提升双边关系的理由，但在地缘政治的作用下，中国因素无疑起到了一定的"催化"作用。在美国"重返亚太"和中越南海争端日趋白热化的背景下，中国因素必将进一步影响美越之间合作的步伐和实质内容。比如未来是否介入南海问题已经成为美国遏制中国的重要筹码之一。然而，南海问题

---

① Mark E. Manyin, "U. S. – Vietnam Relations in 2011: Current Issues and Implications for U. S. Policy," May 18, 2012, http://digital.library.unt.edu/ark:/67531/metadc86547/, 最后访问日期: 2012 年 9 月 5 日。

事关中国的主权问题和切身利益，中国也一直反对南海主权各声
索国将南海问题置于多边框架下讨论的主张，反对将南海问题国
际化。面对越南在南海问题上的频频挑衅，中国必将继续在南海
问题上保持强硬立场。中越之间实力悬殊，为应对中越之间可能
爆发的冲突和危机，寻求能够平衡中国的保护伞，越南必然希望
进一步提升与美国的安全合作关系。因此，中国因素对美越关系
发展无疑起了一定程度的推动作用。

但鉴于中国在美越两国对外战略中的重要地位，美越两国又
都尽量避免与中国的双边关系受损，中国因素也同样制约了美越
之间开展更为广泛和深入的合作，以避免刺激中国。① 中国作为
全球第二大经济体，美越各自与中国的双边关系无疑都是美越极
为重要的双边关系之一，与中国对抗显然都不符合美越两国各自
的国家利益。如今，中美关系已经成为美国最重要的双边关系之
一，美国要实现全球治理的雄心和摆脱经济衰退的目标，已经离
不开中国的支持和配合。就越南而言，由于在地理上与中国为

---

① 2013 年 7 月 25 日，访问美国的越南国家主席张晋创与美国总统奥巴马发表
了《越南—美国联合声明》，双方除了强调要"加强全面合作，建立全面
伙伴关系"外，在申明中特别提到南海问题。双方领导人都"支持在遵守
包括 1982 年《联合国海洋法公约》各项规定在内的国际法的基础上，以和
平方式解决争端，共同强调支持不使用武力或威胁使用武力来解决海上和
领土争端的原则"。从上述申明不难发现，美越两国都希望和平解决南海问
题，更不希望南海问题而损害与中国的关系。越通社：《越南和美国发表联
合声明》，http：//cn. vietnamplus. vn/Home/% E8% B6% 8A% E5% 8D% 97%
E5% 92% 8C% E7% BE% 8E% E5% 9B% BD% E5% 8F% 91% E8% A1% A8%
E8% 81% 94% E5% 90% 88% E5% A3% B0% E6% 98% 8E/20137/
25878. vnplus，最后访问日期：2013 年 8 月 20 日。

邻，两国历史文化相近，价值观相似，并采用了相同的社会制度，中越关系自然是越南最重要的对外关系之一。中越关系正常化后，越南的重大决策都要仔细权衡对中国的影响，越南的官方媒体也尽量避免抨击中国。虽然美越关系发展迅速，但越南媒体对此却刻意低调处理，以避免对中国造成"美越关系改善构成对中国的威胁"这样一个不良印象。越南很清楚，美越关系始终是一种实力不对称的关系，在其双边互动过程中，美国拥有的筹码远多于越南，而越南能打的牌毕竟十分有限。既希望利用美国制衡中国，但同时也希望保持与中国的传统友好关系，在二者之间寻求一种可控的平衡关系，实现越南国家利益的最大化，越南的现实心态一览无遗。因此，中国因素在一定程度上制约了美越关系的深度发展。

概言之，在美越关系发展过程中，中国因素始终是一个无法忽视的关键影响因素。虽然中国因素在美越关系中确实起到了某种"催化"作用，但也应该理性看待这个问题。美越关系的迅速发展并非单纯安全上的考量。因为军事合作对两国双边关系的发展也不乏重要的象征意义，美越安全关系快速发展有其内在的逻辑支撑，不应过分夸大中国因素在其中的作用。与此同时，美越之间也不可能无限亲近，原因很简单，在大国游戏格局中，小国的战略选择本身是非常有限的，越南终须小心把握在中美之间的平衡，过于亲近或疏远其中任何一方都可能对其带来不良后果。

主要参考文献

（一）中文部分

[1] 陈莹：《冷战后国际社会对东南亚的援助》，世界知识出版社，2017。

[2] 曹筱阳：《美泰同盟的合作形式、机制及前景》，《东南亚研究》2015年第5期。

[3] 储召锋：《亚太战略视域下的美国—东盟关系考察》，《国际展望》2012年第1期。

[4] 杜兰：《中美在中南半岛的竞争态势及合作前景》，《南洋问题研究》2016年第3期。

[5] 高婉妮：《战后美国在亚太地区的权威研究》，社会科学文献出版社，2018。

[6] 泓佐：《美国重返亚太的战略考量》，《学习时报》2012年第2期。

[7] 李巍：《制度之战：战略竞争时代的中美关系》，社会科学文献出版社，2017。

[8] 吕余生、王士威主编《中国—东盟年鉴2012》，线装书局，2013。

[9] 李晨阳：《澜沧江—湄公河合作：机遇、挑战与对策》，《学术探索》2016 年第 1 期。

[10] 李益波：《奥巴马政府对东南亚政策的调整及原因分析》，《太平洋学报》2010 年第 1 期。

[11] 李忠斌：《新媒体与奥巴马政府的公共外交》，《美国研究》2011 年第 1 期。

[12] 罗圣荣：《奥巴马政府介入湄公河地区合作研究》，《东南亚研究》2013 年第 6 期。

[13] 《李克强在澜沧江—湄公河合作第二次领导人会议上的讲话（全文）》，新华网，2018 年 1 月 11 日，http：//www. xinhuanet. com/2018 –01/11/c_ 1122240871. htm。

[14] 马方方：《中美软权力博弈东南亚》，中国社会科学出版社，2017。

[15] 马晋强主编《当代东南亚国际关系》，世界知识出版社，2000。

[16] 《湄公河下游倡议 2010/2011 年进展情况》，http：//iipdigital. usembassy. gov/st/chinese/texttrans/2011/07/20110722155538x0. 3225628. html#axzz3Mhu3Gz7。

[17] 仇朝兵：《奥巴马时期美国的"印太战略"——基于美国大战略的考察》，《美国研究》2018 年第 1 期。

[18] 任娜：《美国介入大湄公河次区域与中国的应对》，《东岳论丛》2014 年第 12 期。

[19] 任娜、郭延军：《大湄公河次区域合作机制：问题与对策》，《战略决策研究》2012 年第 2 期。

［20］任远喆：《奥巴马政府的湄公河政策及其对中国的影响》，《现代国际关系》2013 年第 2 期。

［21］任远喆：《美国东盟关系的"三级跳"与东南亚地区秩序》，《南洋问题研究》2017 年第 1 期。

［22］屠酥：《美国与湄公河开发计划探研》，《武汉大学学报》（人文科学版）2013 年第 2 期。

［23］王缉思编著《大国关系：中美分道扬镳，还是殊途同归》，中信出版社，2015。

［24］王斯德、钱洪主编《世界当代史（1945—1988）》，高等教育出版社，1989。

［25］吴心伯：《亚太大棋局：急剧变化的亚太与我国的亚太方略》，复旦大学出版社，2017。

［26］王缉思、赵建伟：《评美国亚太"再平衡"战略》，《冷战国际史研究》2017 年第 1 期。

［27］信强：《美越安全合作的发展及其影响因素》，《国际问题研究》2014 年第 6 期。

［28］邢和平：《柬埔寨：2006～2007 年回顾与展望》，《东南亚纵横》2007 年第 4 期。

［29］《习近平：让命运共同体意识在周边国家落地生根》，新华网，2013 年 10 月 25 日，http：//www. xinhuanet. com/2013－10/25/c_ 117878944. htm。

［30］《希拉里·克林顿国务卿在美国—湄公河下游部长级会议上的讲话》，新华网，2013 年 10 月 25 日，http：//iipdigital. usembassy. gov/st/chinese/texttrans/2011/07/20110722171527 x0. 75341. html。

［31］ 尹君：《后冷战时期美国与湄公河流域国家的关系》，社会科学文献出版社，2017。

［32］ 张蕴岭：《在理想与现实之间：我对东亚合作的研究、参与和思考》，中国社会科学出版社，2015。

［33］ 周琪：《"再平衡"战略下美国亚太战略的目标与手段》，中国社会科学出版社，2018。

［34］ 左常升主编《国际发展援助理论与实践》，社会科学文献出版社，2015。

［35］ 张业亮：《美国的全球卫生安全政策：以大湄公河次区域为例的国际政治分析》，《美国研究》2014 年第 3 期。

［36］ 赵可金、殷夕婷：《美国战略调整与中美新型大国关系》，《国际关系学院学报》2012 年第 6 期。

［37］ 郑迎平：《美国亚太安全战略新优势及对中国周边安全的影响》，《太平洋学报》2004 年第 2 期。

［38］《中国与东盟的关系》，中国—东盟中心网站，2014 年 2 月 2 日，http：//www. asean - china - center. org/2014 - 02/02/c_ 13262771_ 5. htm。

（二）英文部分

［1］ A Digest and Selected Bibliography of Information, *TVA - Symbol of Valley Resource Development*, TVA Technical Library, 1961.

［2］ Ashok Swain, *Managing Water Conflict：Asia, Africa and the Middle East*, Routledge, 2004.

［3］ Alice D. Ba, Mork Beeson and David Capie, *The United States and Southeast Asia*, 2012.

［4］ Comptroller General of the United States, *U. S. Policy for the East Asia Regional Economic Development Program*: *What Should It Be?* 1975.

［5］ J. R. Kerrey and R. A. Manning, *The United States and Southeast Asia*: *A Policy Agenda for the New Administration*: *Report of an Independent Task Force*, Council on Foreign Relations Press, 2001.

［6］ Li Thi Tuyet, *Regional Cooperation in Southeast Asia*: *The Mekong Project*, The City University of New York, 1973.

［7］ Nguyen ThiDieu, *The Mekong River and the Struggle for Indochina*: *Water*, *War and Peace*, Praeger Publishers, 1999.

［8］ Richard Cronin and Timothy Hamlin, *Mekong Turning Point*: *Shared River for a Shared Future*, The Henry L. Stimson Center, 2012.

［9］ Văn kiên Đai hôi đai biểu toàn Quốc lần thứ VIII, NXB ChínhTri Quốc Gia,Hà Nôi（《越南共产党第八次代表大会文件》，国家政治出版社），1996。

［10］ Anonymous, "Singapore Paper Views 'Renewed' US Attention in Southeast Asia," *BBC Monitoring Asia Pacific*, August 2009.

［11］ Ash Carter, "Asia – Pacific Security," *Foreign Affairs*, December 2016.

［12］ L. Buszynski, "The United States and Southeast Asia: A Case of Strategic Surrender," *Journal of Southeast Asian Studies*, May 1983.

［13］ Carlyle A. Thayer, "Vietnam's Defensive Diplomacy," *Wall Street Journal*, August 2010.

［14］ David M. Lampton, "Paradigm Lost: The Demise of 'Weak China'," *National Interest*, May 2005.

［15］ Frank C. Darling, "United States Policy in Southeast Asia: Permanency and Change," *Asian Survey*, August 1974.

［16］ Ha Bac, "Human Rights Watch Should Stop Distorting, Interfering Into Vietnam's Internal Affairs," *Tap Chi Cong San* （〔越〕《共产杂志》）, July 2010.

［17］ Jacobs J W, "The United States and the Mekong Project," *Water Policy*, January 2000.

［18］ Jeffrey W. Jacobs, "Mekong Committee History and Lessons for River Basin Development," *The Geographical Journal*, 1995.

［19］ Joseph Nye, "United States Policy Toward Regional Organizations," *International Organization*, July 1969.

［20］ Hidetaka Yoshimatsu, "The United States, China, and Geopolitics in the Mekong Region," *Asian Affairs: An American Review*, January 2015.

［21］ Lewis M. Stern, "Diverging Roads: 21st - Century U. S. - Thai Defense Relations," *Institute for National Strategic Studies*, June 2009.

［22］ Richard Cronin, "Water Security and Water Resource Management in Southeast Asia," *International Security Quarterly*, October 2010.

［23］ Bureau of Public Affairs of the U. S. Department of State, *The U. S. and the Lower Mekong: Building Capacity to Manage Natural Resources*, http: //www. america. gov/st/energy − chinese/2010/January/20100107151756eaifas0. 6362813. html.

［24］ Enforcement and Compliance, *Cambodia Trade Relations & Intellectual Property Rights Agreement*, https: //tcc. export. gov/Trade_ Agreements/All_ Trade_ Agreements/exp_ 002794. asp.

［25］ Fact Sheet, *The Fiscal Year 2014 Federal Budget and the Asia − Pacific*, https: //obamawhitehouse. archives. gov/sites/default/files/docs/asia_ pacific_ rebalance_ factsheet_ 20130412. pdf.

［26］ Global Security. org, 2012 *Joint Vision Statement for the Thai − U. S. Defense Alliance A 21st Century Security Partnership*, https: //www. globalsecurity. org/military/library/news/2012/11/mil − 121115 − dod01. htm.

［27］ Investment Policy Hub, *Agreement Between The United States of America and the Socialist Republic of Vietnam on Trade Relations*, https: //ustr. gov/sites/default/files/US − VietNam − BilateralTradeAgreement. pdf.

［28］ Investment Policy Hub, *Trade and Investment Framework Agreement Between the Government of the United States of America and the Government of the Socialist Republic of Vietnam*, https: //ustr. gov/sites/default/files/US − VietNam − BilateralTradeAgreement. pdf.

［29］ Lower Mekong Initiative, *Lower Mekong Initiative—Master Plan of Action* 2016 – 2020, https：//www. lowermekong. org/about/ lower – mekong – initiative – master – plan – action – 2016 – 2020.

[30] Lower Mekong Initiative, *The Lower Mekong Initiative（LMI）*, https：//www. lowermekong. org/about/lower – mekong – initiative – lmi.

[31] Ministry of Foreign Affairs of the kingdom of Thailand, *Joint Statement on the Fifth Thailand – United States Strategic Dialogue*, http：//www. mfa. go. th/main/en/media – center/14/ 63045 – Joint – Statement – on – the – Fifth – Thailand – United-State. html.

[32] Office of the United States Trade Representative, *Agreement Between the United States of America and Myanmar*, https：// www. state. gov/documents/organization/236385. pdf.

[33] Office of the United States Trade Representative, *Trade and Investment Framework Agreement Between the United States of America and the Kingdom of Thailand*, https：//ustr. gov/sites/default/files/US – – Thailand% 20TIFA. pdf.

[34] The White House, *Joint Press Statement between President Barack Obama and Prime Minister Yingluck Shinawatra*, https：//obamawhitehouse. archives. gov/the – press – office/ 2012/11/18/joint – press – statement – between – president – barack – obama – and – prime – minister – .

[35] The White House, *Joint Statement between the Republic of the U-*

nion of Myanmar and the United States of America, https：//
obamawhitehouse. archives. gov/the － press － office/2016/09/
14/joint － statement － between － republic － union － myanmar －
and － united － states － america.

[36] The White House, *Joint Declaration between the United States of America and the Lao People's Democratic Republic*, https：//
obamawhitehouse. archives. gov/the － press － office/2016/09/
06/joint － declaration － between － united － states － america －
and － lao － peoples.

[37] The White House, *Joint Statement between the United States of A-merica and the Kingdom of Thailand*, https：//th. usembassy. gov/
joint － statement － united － states － america － kingdom － thailand/.

[38] The White House, *Joint Statement between the United States of A-merica and the Kingdom of Thailand Stronger Alliance for Common Security and Closer Economic Partnership for Common Prosperity*, https：//th. usembassy. gov/joint － statement － united －
states － america － kingdom － thailand/.

[39] The White House, *Joint Statement between the United States of A-merica and the Socialist Republic of Vietnam*, https：//
www. whitehouse. gov/briefings － statements/joint － statement －
united － states － america － socialist － republic － vietnam.

[40] The White House, *National Security Strategy*, http：//
www. whitehouse. gov/sites/default/files/rss_ viewer/national_
security_ strategy. pdf.

［41］The White House Office of the Press Secretary，*Joint Statement of the 4th ASEAN – U. S. Leaders' Meeting*，https：//www. whitehouse. gov/ the – press – office/2012/11/20/joint – statement –4th – asean – us – leaders – meeting.

［42］US Department of Defense，*Quadrennial Defense Review Report*，http：//www. defense. gov/qdr/images/QDR_ as_ of_ 12Feb10_ 1000. pdf.

［43］U. S. Department of State，*Joint Statement on the Eleventh Ministerial Meeting of the Lower Mekong Initiative*，https：// www. state. gov/r/pa/prs/ps/2018/08/284928. htm.

［44］U. S Department of State，*Lower Mekong Initiative*，https：// www. state. gov/p/eap/mekong/.

［45］U. S. Mission to ASEAN，*Young Southeast Asian LeadersInitiative*，https：//asean. usmission. gov/yseali/.

［46］U. S. Strategic Alignment，*Squaring Trade and Grand Strategy in Asia*，*Center for Strategic and International Studies（CSIS）Reports*，http：//csis – prod. s3. amazonaws. com/s3fs – public/ legacy_ files/files/publication/120329_ SoutheastAsia_ Vol_ 3_ Issue_ 6. pdf.

后 记

　　本书是在我 2013 年获得立项的教育部人文社会科学研究项目研究成果"美国对湄公河地区策略的调整及其对 GMS 合作的影响研究"（项目批准号：13CJCGJW001）的基础上修订而成。由于种种原因，本报告从 2013 年到 2018 年，历时 5 年才得以完成，并最终顺利通过了结项评审。其间由于美国总统的更替，美国政府对湄公河政策不断出现新的变化，以致本报告需根据最新形势不断做出修改，以适应形势发展的需要，2018 年 6 月才最终定稿。本项目能够通过结项，首先，要感谢各位匿名评审专家的厚爱，使得项目顺利结题；其次，要感谢云南大学社会科学处在本项目研究过程中的关心和指导，确保了本项目顺利结题；再次，我要感谢我指导的硕士研究生，他们分别是杨飞、李娜、李代霓、胡频等，谢谢他们参与了本项目的研究工作！本书尽量采用最新的资料，但囿于研究团队的水平，还有些地方不尽如人意。本书尽量做到遵循相关内容有出处的学术规范，但由于研究团队在研究过程中难免存在疏漏之处，故本书所参考的部分资料未能一一列举，还请相关的专家学者谅解，并在此表示由衷的感谢！

2019 年 1 月 15 日于云南大学东陆园

图书在版编目（CIP）数据

美国对湄公河地区策略的调整与 GMS 合作 / 罗圣荣著
. -- 北京：社会科学文献出版社，2019.8
（地缘政治理论研究丛书）
ISBN 978 - 7 - 5201 - 5171 - 9

Ⅰ.①美…　　Ⅱ.①罗…　　Ⅲ.①湄公河 - 流域 - 美国对
外政策 - 研究　Ⅳ.①D871.20

中国版本图书馆 CIP 数据核字（2019）第 146000 号

· 地缘政治理论研究丛书 ·

美国对湄公河地区策略的调整与 GMS 合作

著　　者 / 罗圣荣

出 版 人 / 谢寿光
组稿编辑 / 宋月华　周志静
责任编辑 / 周志静
文稿编辑 / 徐　花

出　　版 / 社会科学文献出版社 · 人文分社（010）59367215
　　　　　　地址：北京市北三环中路甲 29 号院华龙大厦　邮编：100029
　　　　　　网址：www. ssap. com. cn
发　　行 / 市场营销中心（010）59367081　59367083
印　　装 / 三河市东方印刷有限公司

规　　格 / 开　本：787mm × 1092mm　1/16
　　　　　　印　张：11.25　字　数：125 千字
版　　次 / 2019 年 8 月第 1 版　2019 年 8 月第 1 次印刷
书　　号 / ISBN 978 - 7 - 5201 - 5171 - 9
定　　价 / 98.00 元

本书如有印装质量问题，请与读者服务中心（010 - 59367028）联系